rororo sport: Herausgegeben von Bernd Gottwald

Programme · Übungen · Lernhilfen

Matthias Schierz

JUDO-PRAXIS

Mit Fotos von Horst Lichte

Rowohlt

Originalausgabe

Veröffentlicht im Rowohlt Taschenbuch Verlag GmbH,
Reinbek bei Hamburg, August 1989
Copyright © by Rowohlt Taschenbuch Verlag GmbH,
Reinbek bei Hamburg
Layout Edith Lackmann
Umschlaggestaltung Peter Wippermann/Jürgen Kaffer
Foto: Uwe Düttmann
Satz Times (Linotron 202)
Gesamtherstellung Clausen & Bosse, Leck
Printed in Germany
1380-ISBN 3 499 18632 2

Jendges 12/1940

Inhalt

Einführung

Warum ein weiteres Buch zum Judo?

Wer die besonderen Techniken erfolgreicher Wettkämpfer beschrieben bekommen möchte, kann auf ein breites Literaturangebot zurückgreifen, in dem Meister ihres Sports ihr persönliches Judo darbieten. Wer aber über die Darbietung von Techniken hinaus etwas über das Training von Judo erfahren möchte, der ist schon weitaus mehr auf die allgemeine Trainingslehre angewiesen, als daß er allein sein benötigtes Wissen in judospezifischer Literatur finden kann. Wer zudem noch erfahren möchte, wie man Judo methodisch sachgerecht lehrt und lernt, findet wohl die wenigsten Anregungen, zumindest im Vergleich zur sehr umfangreichen Literatur in anderen Sportarten. Dieses Buch stellt daher nicht die persönlich bevorzugten Techniken irgendeines erfolgreichen Wettkämpfers in den Vordergrund, obgleich es sich an Wettkampftechniken orientiert; es will statt dessen Trainern, Übungsleitern, Lehrern und Autodidakten Anleitungen für ihre Trainings-, Lehr- und Lernpraxis geben. Dies geschieht nicht in Form eines vorgefertigten Judo-Kurses, sondern in Form von *Bausteinen* und *Regeln*, die den Lehrer befähigen, seinen Judounterricht selber zu gestalten und zu begründen.

Welches Judoverständnis wird hier vertreten?

Judo wird hier als Zweikampfsportart begriffen, die, wie jede andere Sportart auch, sportwissenschaftlichen Betrachtungsweisen zugänglich ist. Judo wird daher nicht im besonderen kulturellen Kontext seines Entstehungslandes Japan und der philosophischen Traditionen betrachtet, die fernöstliche Bewegungsweisen begründen. Dies ist keine Mißachtung des historischen Kontextes der Sportart, wohl aber eine Anerkennung der Tatsache, daß ein tieferes Verständnis des kulturellen Hintergrundes Japans für die Entstehung und Ausübung von Judo nur dann möglich erscheint, wenn der Verstehende selbst in die entsprechende Lebensform soweit integriert ist, daß er auch eine Innensicht einnehmen kann. Dieser Zugang ist aber sowohl dem Autor als auch den meisten seiner Leser versperrt. Die Ausführungen dieses Buches beschränken sich daher auf den sportlichen Bedeutungszusammenhang von Judo.

Wenn von einem Bedeutungszusammenhang die Rede ist, dann soll darauf verwiesen werden, daß Bewegungen nicht nur eine, sondern mehrere Bedeutungen haben, die in diesem Buch erwähnt, aber nicht alle gleichermaßen behandelt werden. Die Grundidee des Judo liegt im nach Regeln geführten Zweikampf, in dem der Gegner durch Wurftechniken oder bestimmte Bodentechniken wie Halte-, Hebel- oder Würgegriff bezwungen werden soll. Mit diesem Verständnis steht die Bedeutung der Sportart für die *Präsentation persönlicher Leistung* im Zweikampf im Vordergrund, in dem es darum geht, einen Gewinner und einen Verlierer zu ermitteln. Aber in dieser Bedeutung erschöpft sich Judo nicht.

Der Reiz des Judo liegt auch darin, daß die Bewegungen des überraschenden Wurfansatzes, der explosiven Überwindung des Widerstandes, des eleganten Ausweichens, des wirbelnden Fallens Empfindungen auslösen, die als lustvoll und sensationell erlebt werden. Judo vermittelt Sinneserfahrungen ganz eigener Art, die die besondere Bedeutung der Sportart für *Körpererlebnisse* ausmacht.

Einen in der Literatur fast unbeachteten Stellenwert hat die Bedeutung judospezifischen Bewegens für die *Differenzierung von Wahrnehmungen* zum Zweck der Informationsbeschaffung. In vielen Wettkämpfen muß zunächst erkundet werden, wie der Partner reagiert, welche Strategie er verfolgt, welche Gewohnheiten er ausgebildet hat. Dies geschieht durch Bewegungen, deren Zweck nicht so sehr darin besteht, den Gegner zu besiegen, sondern darin, Informationen über ihn zu erhalten.

Die Bedeutung judogemäßen Bewegens für die *Förderung und Erhaltung der Gesundheit* prägt wohl deshalb nicht so sehr das öffentliche Ansehen der Sportart, weil ihre Herz-Kreislauf-stabilisierende Funktion im Vergleich zu den die aerobe Ausdauer fördernden Sportarten wie Laufen, Schwimmen oder Radfahren nicht allzuhoch einzuschätzen ist. Dennoch kann Judo bei richtiger Dosierung und vor allem bei richtiger Übungsauswahl dazu beitragen, daß insbesondere Gewandtheit, Schnellkraft und Kraftausdauer entwickelt werden und erhalten bleiben.

Natürlich hat Judo auch eine Bedeutung für *Erziehungsprozesse*. Judo wird nicht allein, sondern mit einem Partner betrieben, der einerseits der sportliche Gegner ist, ohne dessen Mithilfe Judo andererseits nicht erlernbar wäre. Ohne eine bestimmte gegenseitige Achtung ist deshalb Judo nicht zu betreiben. Wer ein Zeichen der Aufgabe gibt, weil ein Armhebel gelingt, muß voraussetzen, daß dem anderen das Zeichen bekannt ist, richtig gedeutet wird und zur sofortigen Beendigung der Kampfhandlung führt. Wer einen Armhebel ansetzt, muß voraussetzen, daß der Gegner soviel Achtung vor der eigenen Person (!) besitzt, daß er nicht aus falschem Ehrgeiz heraus eine Schädigung seines Körpers in Kauf nimmt, um eine Aufgabe hinauszuzögern. Es ist leider schon ein gewohntes Bild auf Turnieren, daß Gelenkverletzungen auftreten, nur weil trotz Wirkung des Hebels kein Zeichen der Aufgabe gegeben wird. Ohne Vertrauen darauf, daß der Gegner nicht die Schädigung meines oder seines Körpers in Kauf nimmt, um zu gewinnen, sollte man keinen Wettkampf bestreiten. Judo hat etwas mit körperlicher Macht zu tun, die man über andere ausübt, und mit eigener Machtlosigkeit angesichts eines stärkeren Gegners. Wer Judo lernt, muß darauf vertrauen können, daß Macht nicht mißbraucht wird, sei es zu Disziplinierungszwecken in autoritär geführten Übungsgruppen, sei es zu Trainingszwecken, zu deren Erreichen der Schwächere dem Stärkeren nur als Mittel dient. So ist die Verständigung über Regeln gemeinsamen Umgangs erforderlich, damit der Sinn gemeinsamer Regeln die Grundlage ihrer Achtung begründet und nicht unverständige Beugung vor Traditionen. Damit wird hier solchen Erziehungsauffassungen widersprochen, die die völlige Unterordnung des Judokas unter Trainer oder Höhergraduierte fordern und devotes Verhalten mit vermeintlicher Bewährtheit begründen. Auf der Grundlage von gegenseitiger Achtung und Vertrauen soll statt dessen der Sportler aktiv und schöpferisch in die Gestaltung des Trainingsprozesses mit einbezogen werden. Judo wird hier als eine Sportart begriffen, in der man auch miteinander redet, sich über den Sinn und die Ansprüche des jeweiligen Tuns und geltender Regeln verständigt, Interessen äußert, Begründungen gibt und Argumente vorträgt. Dies stellt Anforderungen an Trainer und Trainierende. Beide sind gefordert, das Ihre dazu beizutragen, Trainingsabläufe transparent zu gestalten, trainingsspezifisches Wissen offenzulegen und zu erarbeiten.

Wie ist dieses Buch aufgebaut?

Im Zentrum des Buches stehen drei Kapitel, die aufeinander aufbauen. Im Kapitel «Würfe nach Funktionsphasen lehren und lernen» (S. 53) werden Fertigkeiten auf ihre gemeinsame Phasenstruktur untersucht, um anschließend lehrpraktische Konsequenzen zu verdeutlichen. Die gewonnene Beschreibungsweise von Techniken wird im folgenden Kapitel «Werfen nach Prinzipien lehren und lernen» (S. 69) verwendet. Dort wird die Wahrnehmung der Bewegung des Partners als Voraussetzung der Auswahl einer erfolgversprechenden Technik anhand wesentlicher Prinzipien des Werfens thematisiert. Die Prinzipien dienen wiederum der Charakterisierung von Techniken, die im Kapitel «Kämpfen in Grundsituationen lehren und lernen» (S. 97) vorgestellt werden. Die zugrundegelegte Orientierung an Funktionsphasen, Prinzipien und Grundsituationen begründet sich folgendermaßen:

Wer eine neue Bewegung lernt, ist immer in einem gewissen Maße überfordert, sonst würde man nicht von Lernen sprechen. Die Koordination einer in der Regel zu komplizierten Bewegung bereitet Schwierigkeiten, die um so größer werden, je verschiedenartiger die Elemente sind, die zugleich ausgeführt werden müssen, und je zahlreicher die Elemente sind, die nacheinander zu realisieren sind. Kann beispielsweise die Bewegung nicht visuell kontrolliert werden, wie es bei vielen Techniken im Judo der Fall ist, gelingt es nur mit besonderen Hilfen, sie leicht zu lernen. Denn die Kontrolle der Bewegung durch reines Bewegungsempfinden ist erst ein späteres Ergebnis des Lern- und Übungsprozesses, doch nicht seine Voraussetzung. Ständige neue Bedingungen, z. B. durch Partnerwechsel, und womöglich die Erwartung körperlicher Schädigungen, wenn man beispielsweise beim Fallen etwas falsch macht, erhöhen das Risiko der Überforderung ebenfalls.

Es ist nicht selten der Judounterricht selbst, der solche Überforderung erzeugt, obwohl er sie vermeiden möchte, einfach deshalb, weil der Anfänger mit einer Fülle gutgemeinter Ratschläge überschüttet wird, die er gar nicht alle verarbeiten kann. Dabei kommt es doch in der Lehre darauf an, die Komplexität der Bewegungsaufgaben so zu reduzieren, daß der Lernende sich in einer wohldosierten Überforderung auf das Wesentliche und Notwendige konzentrieren kann.

Was aber ist das Wesentliche und Notwendige? Die einzelnen Kapitel versuchen, diese Frage aufzugreifen und zu beantworten. Sie zielen darauf, durch Klassen- oder Regelbildung (Phasen, Prinzipien, Grundsituationen) die Vielzahl an Informationen, die alle jeweils den Lernenden gegeben werden könnten, auf einige wesentliche Aspekte hin zu ordnen und zu vereinfachen, die dann im Zentrum des Lehrens und des Lernens stehen.

Das Kapitel über Gymnastik, Auf- und Abwärmen ist deshalb so ausführlich, weil in den traditionellen Gymnastikprogrammen des Judo in der Regel ein Übungsgut dominiert, dessen Wirksamkeit unter funktionalen Gesichtspunkten bezweifelt werden muß. Die bedachte Lösung von der Tradition zugunsten einer funktionalen Gymnastik wird daher in diesem Kapitel nahegelegt.

Im Kapitel über die Fallschule werden psychologische und technische Gesichtspunkte des Fallens hervorgehoben.

Das Anforderungsprofil der Sportart Judo

Die Anforderungen der Sportart Judo liegen nicht nur im Bereich konditioneller Faktoren wie Kraft, Schnelligkeit und Ausdauer, sondern auch in Bereichen koordinativer Präzisionsleistungen und psychischer Stabilität. Dies wird in einem Anforderungsprofil deutlich, das durch die Momente Trefferoptimierung, Situationsorientierung und Gegnerbehinderung charakterisiert ist.

Trefferoptimierung

GÖHNER (1979) zählt Judo zu den Sportarten wie auch Boxen, Fechten, Ringen, in denen die vornehmliche Bewegungsaufgabe darin besteht, Treffer zu erzielen. Was in bezug auf Fechten und Boxen direkt einleuchtet, bereitet für Judo oder Ringen doch etwas Interpretationsarbeit. Bei MEINEL/SCHNABEL (1987, 155) wird Treffgenauigkeit im Judo am Beispiel des Fußfegens angesprochen, bei dem es gelingen muß, das gegnerische Bein in der Gegend des Fußgelenks zu treffen. Aber das Treffen eines Körperteils ist im Judo noch kein Treffer im Sinne einer wertbaren Aktion, so wie es das Treffen des Fußes mit dem Degen im Fechtsport sein kann. Das Treffen des Fußgelenks allein zählt im Judo nicht als Treffer. Als Treffer zählen nur die Aktionen, die Wirkung zeigen, also den Gegner zu Fall bringen, eine Aufgabe erzwingen oder zeitweilige Kontrolle ermöglichen. Es muß daher unterschieden werden, ob von Treffern im Sinne von Präzisionsleistungen gesprochen wird oder im Sinne der Bedeutung, die solchen Präzisionsleistungen im Regelwerk der Sportart zukommt. Nur im letzteren Sinne soll hier von Treffern die Rede sein. Unter einem *Treffer* soll also ein präziser Angriff verstanden werden, der nach dem Regelwerk der Sportart Judo ein *wertbares Resultat* zeigt.
Trefferoptimierung geht nur über den Weg der Verbesserung von Bewegungspräzision. Die Genauigkeit der Position einzelner Körperteile im Wurfansatz, z. B. der Hüfte bei Hüftwürfen oder des Fußes bei Fußwürfen, entscheidet wesentlich mit darüber, ob mit der Aktion ein Treffer erzielt wird. Der *Zielgenauigkeit* ist die *Ablaufgenauigkeit* der Bewegung gegenüberzustellen, mit der die exakte Koordination aller Teilbewegungen eines Wurf- oder Griffansatzes gemeint ist. So hängt das Gelingen eines Hüftwurfes von der Abstimmung der Zug- und Druckbewegungen der Arme mit der Beugedrehung des Oberkörpers und der Beinstreckung ab, die je nach Stellung, Gewicht, Bewegungsrichtung des Gegners variabel angepaßt werden muß.

▼ Unter dem Gesichtspunkt der Trefferoptimierung sind demnach koor-
▼ dinative Anforderungen der Ziel- und Ablaufgenauigkeit hervorzuhe-
▼ ben, die auf der einen Seite auf Trainingsformen verweisen, die ein
▼ Bewegungstiming optimieren, und die auf der anderen Seite solche
▼ Trainingsformen bevorzugen lassen, die kontrollierte Veränderung der
▼ Ausführungsparameter einer Bewegung einüben.

Situationsorientierung

Judo ist eine Sportart, in der sich der Sportler auf variierende situative
Bedingungen einzustellen hat. Der Gegner bevorzugt zwar in der Regel
einen festen Set an Fertigkeiten, er kann sie aber aus unterschiedlichen
Positionen einsetzen, mit unterschiedlicher Geschwindigkeit und unterschiedlichen Intentionen. Ständige Positionswechsel zwingen daher zur
Antizipation des «Möglichkeitsraumes» erfolgversprechender Fertigkeiten, der sich mit einer bestimmten Position bei einem bestimmten Gegner
ergibt. Die Fähigkeit zur Anpassung der Fertigkeiten an variierende situative Bedingungen ist deshalb von ebenso großer Bedeutung für erfolgreichen Wettkampf wie die Fähigkeit, Situationen vorherzusehen und zu
klassifizieren.
In der Regel variieren nicht nur die Situationen mit einem Gegner, sondern es variieren die Gegner selbst. Hiermit sind unter Umständen bei
Unkenntnis des Gegners völlig neuartige Situationen verbunden, auf die
keine der bevorzugten Techniken so recht antwortet. In solchen Fällen ist
die Erfindungs- und Gestaltungsgabe des Sportlers gefragt, der, sollte er
bestimmte Fertigkeiten auf neuartige Situationen nicht übertragen können, entsprechend neue Fertigkeiten entwerfen muß.

▼ Situationsorientierung verweist deshalb auf Anforderungen an die
▼ *Entscheidungsfähigkeit* bei der Auswahl und Zuordnung bestimmter
▼ Fertigkeiten zu bestimmten Situationen, an die *Übertragungs- und Ge-*
▼ *staltungsfähigkeit* bei neuartigen Situationen und an die *Wahrneh-*
▼ *mungs- und Antizipationsfähigkeit* von Situationen überhaupt. Aus
▼ diesem Grunde sind im Judo Formen des Wahrnehmungs- und Ent-
▼ scheidungstrainings von herausragender Bedeutung.

Gegnerbehinderung

Zur Vorbereitung der Technik wartet der Sportler nicht nur eine situative Konstellation ab, die ihm erfolgversprechend erscheint, sondern er bemüht sich, diese Konstellation aktiv herzustellen. Dies geschieht gegen die Behinderung durch den Gegner, der die Absicht vereiteln und seinerseits eine günstige Position schaffen will. Die ständige Gegnerbehinderung bedingt wiederum bestimmte konditionelle Anforderungen an die Aktiven.

Von dem im Verlauf einer Kampfhandlung aufeinanderfolgenden azyklischen Bewegungen sind Angriffshandlungen im Stand von besonderer Wichtigkeit, da über sie ein Großteil siegentscheidender Chancen entsteht. Der Erfolgsgrad der Wurftechniken hängt neben ihrer Situationsangemessenheit und ihrer Präzision aus konditioneller Sicht vornehmlich vom Faktor Dynamik ab. Der ebenso schnelle wie kraftvolle Wurfansatz, häufig gegen Widerstand des Gegners, verlangt ein hohes Schnellkraftpotential.

Wenn die konditionellen Anforderungen im Judo in der Wiederholbarkeit schnellkräftiger Bewegungen über den Verlauf der gesamten Kampfzeit zu sehen sind, so darf dies nicht darüber hinwegtäuschen, daß der reine Schnellkraftcharakter der Bewegungen sich mit zunehmender Kampfdauer zugunsten eines optimalen Mischungsverhältnisses zwischen Schnelligkeit, Kraft und Ausdauer verschiebt. Aus diesem Grunde ist dem *komplexen* Charakter konditioneller Anforderungen im Judo in Form der Verbesserung allgemeiner Leistungsvoraussetzungen Rechnung zu tragen.

Die Verbesserung allgemeiner konditioneller Leistungsvoraussetzungen durch allgemeine Trainingsmittel sowie auch funktionaler vor- und nachbereitender Übungen schafft zwar eine wichtige Basis, Anforderungen im Judo ermüdungsresistent zu bewältigen; die konditionellen Faktoren sind aber im Wettkampf selbst nicht unmittelbar leistungsbestimmend. Der Sportler bewegt sich im Wettkampf unter Bedingungen, die einen fertigkeitsgebundenen Wechsel der beanspruchten Muskelgruppen verlangen, da sowohl die Wirkungsrichtungen der Krafteinsätze als auch die Widerstände ständig variieren. Deshalb liegt der Schwerpunkt der konditionellen Ausbildung im Bereich des technikgebundenen und wettkampfadäquaten Trainings.

> Dementsprechend werden Trainingsformen bevorzugt, deren vorrangiges Ziel es ist, technikgebunden und wettkampfnah Schnellkraft und Schnellkraftausdauer zu maximieren. Solche Trainingsformen setzen eine gute körperliche Vor- und Nachbereitung voraus, so daß der Funktionalität gymnastischer Übungen besonderes Augenmerk gelten sollte.

Gymnastik, Aufwärmen und Abwärmen unter funktionalen Gesichtspunkten

Ziele des Aufwärmens

Aufwärmen soll die funktionale Leistungsfähigkeit schon vor der Trainings- oder Wettkampfbelastung steigern, um so eine psycho-physische Verfassung herzustellen, die es gewährleistet, daß

- die Gefahr der Verletzung von Muskeln, Sehnen und Bändern herabgesetzt ist,
- die konditionellen und koordinativen Fähigkeiten besser ausgeschöpft werden,
- die psychische Einstellung auf die nachfolgende Anforderung reguliert wird.

Auf der Basis dieser Ziele werden folgende Erwartungen an ein Aufwärmprogramm gestellt (vgl. KNEBEL 1985; MAEHL / HÖHNKE 1988):

- Erhöhung der Körperkerntemperatur,
- Anpassung von Atmung und Herz-Kreislauf-Tätigkeit,
- Einstellung neuronaler Steuerungsprozesse,
- Erhöhung der Funktionsbereitschaft des passiven Bewegungsapparates,
- Regulation psychischer Voraussetzungen.

Inhalte des Aufwärmens

Vorbereitende gymnastische Übungen sind selbstverständliche Inhalte jedes Judotrainings. Oft sind sie so selbstverständlich, daß ihre Wirkung nicht mehr hinterfragt wird. Der Umgang mit einem bestimmten Übungsgut ist längst zur Gewohnheit, geradezu zum Ritual geworden; Rumpfbeugen und Klappmesser, Liegestütz und Kopfkreisen sind in fast allen judospezifischen gymnastischen Programmen anzutreffen. Daß sich in solchen Gewohnheitsprogrammen eine Reihe von Übungen befinden, die unzweckmäßig, wenn nicht gar verletzungsgefährdend sind, ist im Rahmen von funktionellen Analysen gymnastischer Übungen deutlich und warnend herausgestellt worden (vgl. dazu KNEBEL 1985). Die Auswahl der Übungen, die hier vorgestellt werden, orientiert sich daher konsequent an funktionalen Gesichtspunkten.

Unter funktionaler Betrachtungsweise läßt sich das Gesamtsystem des Bewegungsapparates nach vier Funktionskreisen unterteilen, die jeweils mit ihren Nachbarkreisen in enger Verbindung stehen:

Funktionskreis 1: Halswirbelsäule mit Kopf, Brustwirbelsäule bis zum fünften Thorakalwirbel,

Funktionskreis 2: Brustwirbelsäule vom fünften bis einschließlich zwölften Thorakalwirbel, Lenden-Becken-Hüftregion,

Funktionskreis 3: untere Lendenwirbelsäule, Hüftgelenk, Kreuz- und
     Darmbeingelenk, komplette untere Extremität,
Funktionskreis 4: Schultergelenk mit Schulterblatt und Schlüsselbein,
     komplette obere Extremität.
(Nach KNEBEL 1985, dort auch weitere Erläuterungen zur Differenzie-
rung und Bedeutung der Funktionskreise.)

Die Auswahl der Übungen im Rahmen eines Aufwärm- oder eines Kondi-
tionsprogramms richtet sich nach den besonderen Anforderungen, die im
Ablauf der Trainingseinheit an den Sportler gestellt werden. Stehen Hüft-
würfe im Mittelpunkt des Trainings, werden die Funktionskreise 2 und 3
stärkere Betonung finden. In einem Training, das die Befreiung aus einem
Haltegriff durch Überrollen des Gegners über die eigene Schulter in den
Mittelpunkt stellt, werden die Funktionskreise 1 und 4 stärkere Berück-
sichtigung in der Aufwärmphase finden.
Neben der sachlichen Erfordernis sind die individuellen Bedingungen für
eine Übungsauswahl ausschlaggebend, d. h. die Gymnastik wird auch Abschnitte umfassen, in denen nach individuellen Defiziten eine differen-
zierte Übungsauswahl erfolgt.
Nicht zuletzt ist auf die Auswahl solcher Übungen Wert zu legen, die
eventuellen muskulären Dysbalancen vorbeugen, die durch einseitige Belastungen bestimmter Muskelgruppen hervorgerufen werden und häufig
eine ungünstige Veränderung der Gelenkstellungen nach sich ziehen. Das
Beispiel eines Beschwerdebildes von Fußballspielern, nämlich Kreuz-
schmerzen durch eine Veränderung der Beckenstellung aufgrund musku-
lärer Dysbalance, ist sicher auch für Judosportler nicht untypisch, da in
ihren gewohnheitsmäßigen Kräftigungsprogrammen solche Übungen bevorzugt werden, die ein entsprechendes muskuläres Ungleichgewicht fördern. (Siehe auch Abbildung S. 22.)

Abbildung auf der folgenden Doppelseite:
Funktionskreise (FK) und die in ihnen wirkenden wichtigsten Muskeln und Muskelgruppen. Die Pfeile deuten die engen funktionellen Beziehungen der Funktionskreise untereinander an.

Ausgewählte Muskeln und Muskelgruppen der Funktionskreise

1 Kopfwender
(m. sternocleidomastoideus)

2 Kapuzenmuskel (m. trapezius)

3 Schulterblattheber
(m. levator scapulae)

4 Kopftei des längsten Rücken-
muskels (m. longissimus capitis)

5 tiefe Muskulatur der
Halswirbelsäule

6 gerader Bauchmuskel
(m. rectus abdominis)

7 schräger Bauchmuskel
(m. obliquus abdominis)

8 querer Bauchmuskel
(m. transversus abdominis)

9 längster Rückenmuskel
(m. longissimus dorsi)

10 Rückenstrecker (m. erector trunci)

11 tiefe Muskulatur der Wirbelsäule

12 Sägemuskel (m. serratus anterior)

13 gemeinsamer Rückenstreker
(m. sacrospinalis)

14 Lendendarmbeinmuskel
(m. iliopsoas)

15 Gesäßmuskel
(m. glutaeus maximus)

16 Schenkelbindenspanner
(m. tensor fasciae latae)

17 Schneidermuskel
(m. sartorius)

18 Beinanziehermuskeln
(Adduktoren)

19 Beinabspreizmuskeln
(Abduktoren)

20 vierköpfiger Kniegelenkstrecker
(m. quadriceps)

21 Kniegelenkbeuger
(mm. ischiocrurales)

22 Zehenstrecker
(m. extensor digitorum longus)

23 Zehenbeuger
(m. flexor digitorum longus)

24 Muskeln des oberen
Sprunggelenkes
(Dorsal-/Plantarflexoren)

25 Muskeln des unteren
Sprunggelenkes
(Pronatoren/Supinatoren)

26 oberflächliche Fingerbeuger
(m. flexor digitorum superficialis)

27 tiefe Fingerbeuger
(m. flexor digitorum profundus)

28 gemeinschaftliche Fingerstrecker
(m. extensor digitorum communis)

29 Daumenmuskulatur
(Extensoren, Flexoren,
Adduktoren und Abduktoren)

30 Handgelenkbeuger und -strecker
(m. flexor bzw. extensor carpi
radialis und ulnaris)

31 Oberarm-Speichenmuskel
(m. brachioradialis)

32 zweiköpfiger Ellbogenbeuger
(m. biceps brachii)

33 dreiköpfiger Ellbogenstrecker
(m. triceps brachii)

34 innerer Armmuskel
(m. brachialis)

35 Einwärts- und Auswärtswender
(Pronatoren und Supinatoren)

36 Brustmuskeln
(m. pectoralis major und minor)

37 Deltamuskel
(m. deltoides)

38 breitester Rückenmuskel
(m. latissimus dorsi)

39 großer und kleiner Rundmuskel
(m. teres major und minor)

40 Ober- und Untergrätenmuskel
(m. supra und infra spinam)

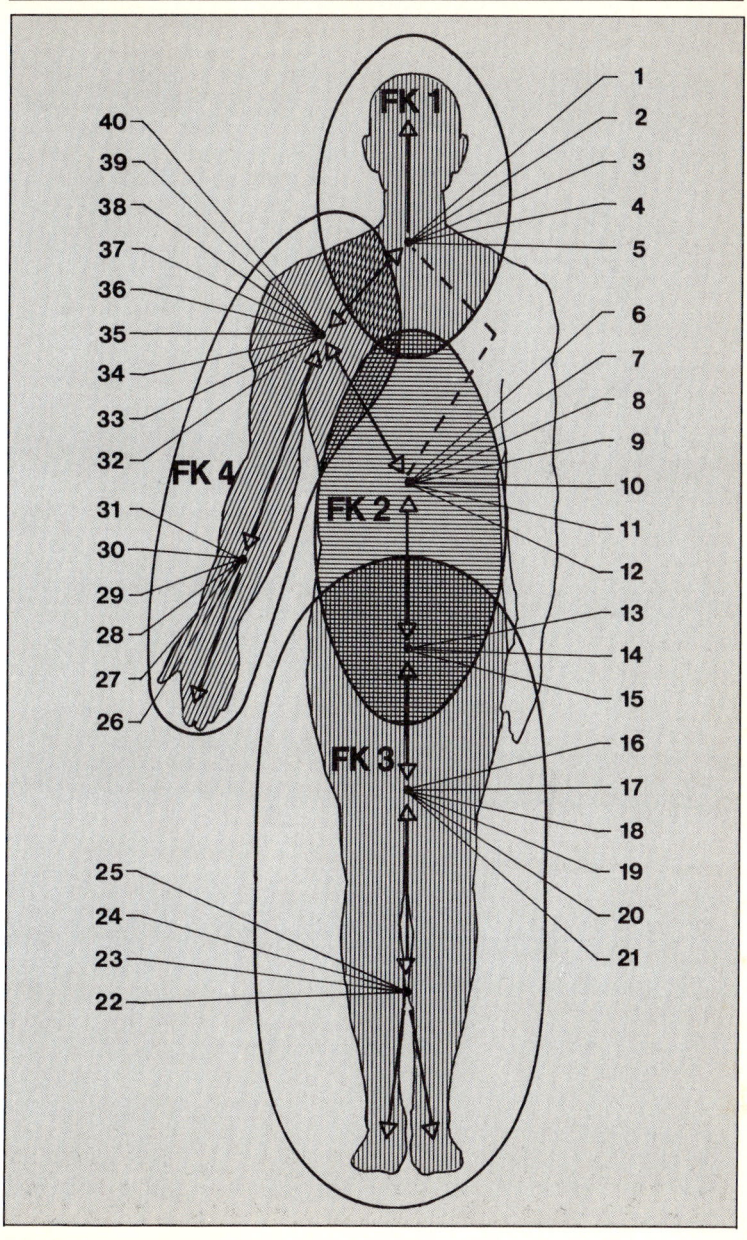

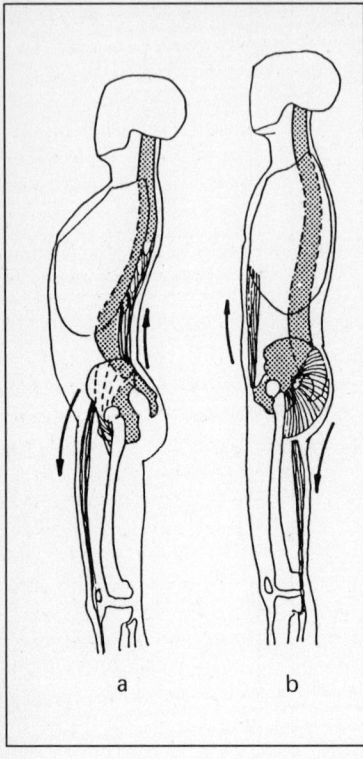

(a) Kräftige Hüftbeuger (innerhalb des Beckens verlaufend; Faserverlaufsstruktur schematisch, gestrichelt dargestellt) in Verbindung mit den Kniegelenkstreckern kippen das Becken nach vorn. Kompensatorisch stellt sich die Rückenmuskulatur auf eine andere Länge ein. Sie verkürzt allmählich und unterstützt die Beckenkippung

(b) Zweckmäßige gymnastische Übungen können die Dysbalance verhindern bzw. ausgleichen:
1. Dehnungsübungen für die Hüftbeuger (m. iliopsoas)
2. Dehnungsübungen für die Rückenstrecker (m. erector trunci)
3. Kräftigungsübungen für die geraden Bauchmuskeln (m. rectus abdominis)
4. Kräftigungsübungen für die Kniegelenksbeuger (mm. ischiocrurales)
5. Kräftigungsübungen für die Gesäßmuskulatur (m. glutaeus maximus)
 (Pfeilrichtung = Zugrichtung der Muskeln)

Veränderung der Wirbelsäulen-Becken-Statik durch Muskeldysbalance

Aktionsmuster des Aufwärmens

Aufwärmen umfaßt in der Regel vier Aktionsphasen:
1. Sie beginnen mit Ganzkörperbelastungen (Laufen, Seilspringen, Spiele), die die Herz-Kreislauf-Funktion anregen, zur Erhöhung der Körperkerntemperatur beitragen und die Durchblutung großer Muskelgruppen fördern.
2. Es folgen Dehnungsübungen zur Mobilisation des aktiven und passiven Bewegungsapparates, denen sich

3. Kräftigungsübungen anschließen, die insbesondere den Tonus der Rumpfmuskulatur zur Stabilisation der Wirbelsäule erhöhen, nachfolgend beanspruchte Hauptmuskelgruppen aktivieren und Dysbalancen ausgleichen bzw. vorbeugen.
4. Das Aufwärmprogramm wird häufig mit sportartspezifischen Handlungen (Uchi-komi, leichtes Randori) abgeschlossen, die mit verminderter Intensität vollzogen werden.

So sehr sich auch die Aktionsmuster des Aufwärmens ähneln und wiederholen, muß doch unterschieden werden, ob sie dem Aufwärmen vor einem Wettkampf oder vor einem Training gelten und ob sie der Vorbereitung eines Technik- oder eines Konditionstrainings dienen.

Beim Aufwärmen vor einem *Wettkampf* ist zu beachten, daß es nicht nur die physische Vorbereitung bezweckt, sondern auch und gerade die Kompensation negativer psychischer Vorstartzustände anstrebt. Im Zustand des *Startfiebers* sind Sie übermäßig aufgeregt und nervös. Motorische Unruhe, Stimmungsschwankungen und Konzentrationsschwäche kennzeichnen Ihr Verhalten. In diesem Fall ist ein zeitlich ausgedehntes, aber weniger intensives Aufwärmprogramm zu empfehlen, in dem Muskelentspannungsübungen eine größere Rolle spielen.

Im Zustand der *Startapathie* fühlen Sie sich müde und kraftlos; Ihre Stimme ist depressiv. In diesem Fall kann ein kürzeres, aber intensiveres Aufwärmprogramm zur Regulation des Vorstartzustandes beitragen, wobei insbesondere bei Dehnungsreizen Sparsamkeit angezeigt ist, um ein Umkippen des Muskeltonus in völlige Entspannung zu vermeiden und Ihr meist durch Gähnen angedeutetes Gefühl der Müdigkeit nicht noch zu unterstützen.

Die Mobilisierung der Voraussetzungen für die Entfaltung der koordinativen Fähigkeiten steht im Mittelpunkt des Aufwärmens vor einem *Techniktraining*. Dabei ist insbesondere auf eine dosierte Reizsetzung zu achten, um das neuromuskuläre Zusammenspiel anzuregen, jedoch keinen frühzeitigen Ermüdungszustand hervorzurufen, der sich auf die Bewältigung koordinativer Anforderungen negativ auswirkt. Das Aufwärmen vor einem *Konditionstraining* dient vornehmlich der Aktivierung der Herz-Kreislauf-Tätigkeit und der Minderung von Verletzungsgefahr besonders beanspruchter Muskeln, Sehnen und Bänder.

Programme

In den folgenden Abschnitten werden Übungen zum Erwärmen, Dehnen und Kräftigen vorgestellt, die effektiv, physiologisch unbedenklich, praktikabel und ohne großen Geräte- und Zeitaufwand durchführbar sind.

Erwärmen

Das allgemeine Erwärmungsprogramm sollte ruhig beginnen, und der
Anstieg der Belastungen sollte langsam fortschreiten, um ein frühzeitiges
Ermüden zu vermeiden. Das Einlaufen zum Beginn einer Gymnastik muß
daher eher als ein Eintraben praktiziert werden. An dieses können sich
dann einige kleine Spiele und Partnerübungen anschließen. Hier soll nur
eine kleine Sammlung von Partnerübungen vorgestellt werden.

1. Blindenhund
Der Hintermann legt die Hände auf die Schultern des Vordermanns und
läßt sich bei geschlossenen Augen kreuz und quer durch die Halle führen.
Der Vordermann trabt vorsichtig durch die Halle, so daß sein Partner die,
nie abrupten (!), Richtungswechsel mitvollziehen kann. Nach einer Mi-
nute Rollentausch.
Variationen: 1. Den Partner an den Fingerspitzen führen. 2. Sich gegenseitig um die Hüfte fassen und nebeneinander laufen.

2. Schattenlaufen
Der Partner läuft im «Schatten» des Führenden und hat die Aufgabe, immer auf dessen gleicher Seite zu bleiben.

3. Fußtippen
Die Partner versuchen mit der Fußspitze auf einen der Füße des anderen
zu tippen.

4. Bankschiebekampf
Die Partner stehen sich im Vierfüßlerstand gegenüber und versuchen, sich
durch Arm- und Schulterarbeit wegzuschieben.

5. Liegestützkampf
Die Partner stehen sich in Liegestützhaltung gegenüber und versuchen,
sich durch Wegziehen der Arme aus dem Gleichgewicht zu bringen.

6. Rückendrücken
Die Partner sitzen mit den Armen verschränkt Rücken an Rücken, die
Füße fest am Boden und versuchen, sich durch Strecken der Beine wegzu-
drücken.

7. Bauchdrehen
Gleiche Ausgangsposition wie in 6. Die Partner versuchen, sich gegenseitig auf den Bauch zu drehen.

8. Oberschenkelschlagen
Die Partner stehen sich gegenüber und versuchen, sich gegenseitig gegen
den Oberschenkel zu schlagen.

Dehnen

Zwei Dehnmethoden haben sich als ebenso wirksam wie schonend be-
währt, die beide darauf angelegt sind, die körpereigenen Schutzmechanis-
men in Form von Muskeldehnungsreflexen auszuschalten. An die Stelle
von federnden, wippenden oder schwingenden Übungen sind langsame
und kontrollierte Dehnungsübungen getreten, da erstere eine plötzliche
starke Dehnung des Muskels bewirken, die über die Funktionsweise des
Dehnungsreflexes zur – ja gerade unerwünschten – Kontraktion des Muskels führt. Traditionelle Gymnastik mit den gebräuchlichen schnell federnden, wippenden oder schwingenden Übungen erreicht langfristig das
Gegenteil einer geschmeidigen und dehnfähigen Muskulatur: Die Muskeln verkürzen sich und können das Gelenk nicht mehr über den vollen
Bewegungsumfang führen (vgl. MARKWORTH 1983).
Die beiden Methoden, die hier vorgestellt werden, haben im Zuge der
«Stretchingwelle» (vgl. exemplarisch ANDERSON 1982; SÖLVEBORN 1983)
viele verschiedene Namen erhalten. Hier soll von gehaltenem Dehnen
und Anspannen-Entspannen-Dehnen gesprochen werden.

Gehaltenes Dehnen
Nach Einnahme der korrekten Ausgangsposition dehnen Sie die Muskulatur *behutsam*, bis Sie eine leichte Spannung verspüren. Die Dehnung halten Sie 10 bis 30 Sekunden, bis das Gefühl der Spannung abklingt. Darauf
nehmen Sie die Ausgangsposition langsam wieder ein. Wiederholen Sie
den Dehnvorgang ein- bis zweimal.

Anspannen-Entspannen-Dehnen
Nach Einnahme der korrekten Ausgangsposition dehnen Sie den Muskel
behutsam. In dieser Position erfolgt eine etwa sechs Sekunden lange isometrische Anspannung der Muskulatur, danach wechselt man in eine
sanfte Entspannungsphase von etwa zwei Sekunden. Dann erfolgt eine er-
neute behutsame Dehnung über die ursprüngliche Dehnungslage hinaus,
deren Dauer der der Anspannungsphase entspricht. Dieser Vorgang wird
zwei- bis dreimal wiederholt.

Beide Methoden müssen erlernt werden! Sie verlangen vom Athleten
Verständnis und Einfühlungsvermögen. Deshalb sollten bei der Einfüh-
rung solcher Dehnübungen folgende *Grundsätze* beachtet werden:
● Ohne eine exakte Ausführung sind die Übungen kaum wirksam: Da bei
   vielen Übungen Ausweichmöglichkeiten bestehen, muß der Athlet
   über genügend Informationen verfügen, die Auskunft über die Kor-
   rektheit des eigenen Verhaltens geben. Dabei sind negative Informationen (Ihr dürft keinen Schmerz empfinden! Nicht wippen!) im Übungs-

prozeß selbst zu vermeiden und durch positive Informationen (Dehnt millimeterweise, bis ihr ein leichtes Ziehen verspürt! Versucht die Endposition gleichmäßig zu halten!) zu ersetzen. Sonst besteht die Gefahr, daß der Athlet zunächst die Übung wippend oder federnd durchführt, um dieses dann irgendwie abzustellen.

- Informationen betreffen nicht nur die Ausführungsparameter, sondern auch die Wirkungsweise der Übung: Der Athlet muß von dem, was er macht, überzeugt sein, und dies kann er um so besser, je mehr er versteht, was er macht. Darum sind die wesentlichen Wirkungsprinzipien der angewandten Dehnmethoden mit dem Athleten soweit theoretisch zu erarbeiten, daß der Athlet selbst in der Lage ist, das Dehnungsprogramm zu begründen.

- Lieber wenige Übungen korrekt ausführen, als viele ungenau: Der Athlet muß lernen, die Spannungs- und Entspannungszustände seiner Muskulatur im Umgang mit diesen Übungen differenzierter zu empfinden. Dies verlangt Konzentration auf sich selbst. Es ist allerdings anfangs schwierig, gerade wenn in Gruppen aufgewärmt wird, sich nur mit sich selbst zu befassen. Daher sollten anhand weniger Übungen Dehnerfahrungen arrangiert werden, anstatt die Übungen mit aus motivationalen Gründen vielleicht verständlicher Vielfalt zu überschütten und von der Selbstwahrnehmung abzulenken.

Das folgende Basisprogramm lehnt sich an die Übungsauswahl von KNE-BEL (1985) an. Es enthält nur Übungen «erster Güte». Darunter werden mit KNEBEL/HERBECK/SCHAFFNER (1988) solche Übungen verstanden, die im Falle der Dehnung einer Muskelgruppe über zwei Gelenke eines der beiden Gelenke in endgradiger Position fixieren, um die Muskeln über das mobile Gelenk zu dehnen. Unter bestimmten räumlichen und organisatorischen Umständen ist auf weniger wirksame Übungen zweiter Güte zurückzugreifen, in denen die Fixation eines Gelenkes nicht erfolgt. Die Darstellung solcher Übungen findet sich in der gängigen Stretchingliteratur.

Die Reihenfolge der Funktionskreise ist so gewählt, daß, vom Körperzentrum aus beginnend, zunächst die Körperregionen beansprucht werden, die aufgrund der judospezifischen Belastungen einen besonders guten funktionellen Zustand verlangen. Mit wechselnden Trainingsschwerpunkten kann die Reihenfolge oder Akzentuierung einzelner Schwerpunkte flexibel gestaltet werden.

Funktionskreis 2

(untere Brustwirbelsäule, Lenden-Becken-Hüftregion)

Übung 2.1:

Dehnung der seitlichen Rumpfmuskulatur

Ausgangsposition: Seitgrätsch-stand bei gerader Beckenachse

Ausführung: Der Rumpf wird zur Seite gebeugt, wobei die linke Hand die Beugung durch Zug am Ellbogen verstärkt.

Ausweichmöglichkeiten: Rotation um die Längsachse vermeiden.

Übung 2.2:

Dehnung der Gesäß- und Rückenmuskulatur

Ausgangsposition: Strecksitz

Ausführung: Linkes Bein über-geschlagen, rechter Arm stützt gegen das Knie, Drehung von Rumpf und Kopf.

Ausweichmöglichkeiten: Krümmung der Wirbelsäule und Beckenkippung vermeiden. Beide strecken.

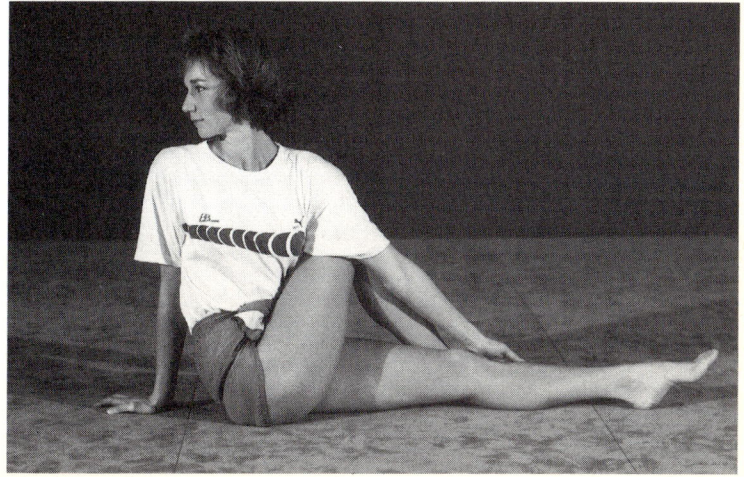

Funktionskreis 3

(untere Lendenwirbelsäule, Hüftgelenk, Kreuz- und Darmbeingelenk, untere Extremität)

Übung 3.1:
Dehnung der Gesäßmuskulatur und der tiefen Rückenmuskeln
Ausgangsposition: Rückenlage
Ausführung: Ein Bein 90 Grad beugen und auf die Gegenseite legen. Hand drückt Knie abwärts.
Ausweichmöglichkeiten: Schultern am Boden fixiert halten.

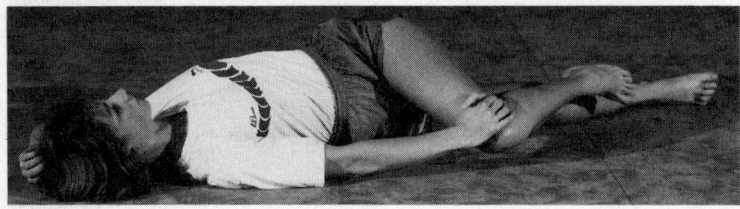

Übung 3.2:
Aktive Dehnung der Kniegelenkbeuger und Wadenmuskulatur
Ausgangsposition: Rückenlage
Ausführung: Ein Bein mit beiden Händen umfassen und zur Brust ziehen. Das Gegenbein aktiv strecken. In Endposition des Oberschenkels Kniegelenk strecken und Zehen anziehen. Völlige Streckung ist auch bei guter Beweglichkeit nicht möglich und ein Zeichen für die Nutzung von Ausweichmöglichkeiten.
Ausweichmöglichkeiten: Ausweichen des Beckens bei Beugung des Gegenbeines.

Übung 3.3:

Dehnung der Hüftbeuger und Kniegelenkstrecker

Ausgangsposition: Schrittknien

Ausführung: Die Hüfte nach vorne schieben und in gestreckter Position fixieren. Darauf Ferse Richtung Gesäß ziehen.

Ausweichmöglichkeiten: Beugung der Hüfte ist zu vermeiden. Wird die Ferse bis zum Gesäß gebracht, liegt entweder eine Hypermobilität vor oder eine unkorrekte Ausführung der Übung.

Übung 3.4:

Dehnung der gesamten Adduktorengruppe

Ausgangsposition: siehe Foto

Ausführung:
Hüfte leicht
beugen, Fuß
anziehen und
Bein um die
Längsachse
rotieren.

Übung 3.5:
Dehnung der Abduktoren
Ausgangsposition: Stand mit
überkreuzten Beinen
Ausführung: Körpergewicht seitlich
in Richtung des nachgestellten
Beines verlagern.

Funktionskreis 1 *(Halswirbelsäule, obere Brustwirbelsäule)*

Übung 1.1:
Dehnung der Nackenmuskulatur
Ausgangsposition: Leichter Seit-
grätschstand, Hände tief im Nacken
verschränkt.
Ausführung: Hände ziehen den Kopf
nach vorn.

Übung 1.2:

Dehnung der seitlichen Hals- und
Nackenmuskulatur
Ausgangsposition: siehe Foto
Ausführung: Die linke Hand zieht
den Kopf in maximale Seitneigung;
der rechte Arm wird zum Boden
gestreckt.

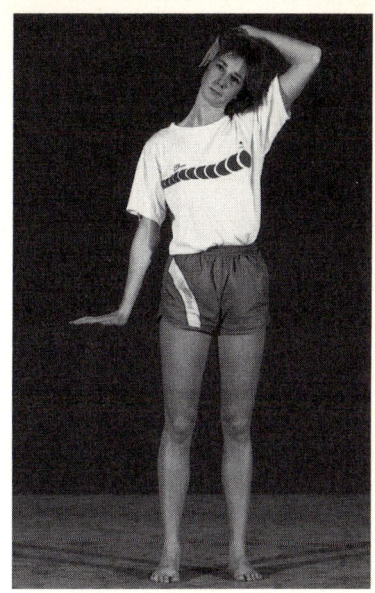

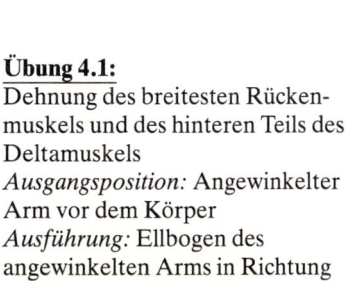

Funktionskreis 4 *(Schulter, obere Extremität)*

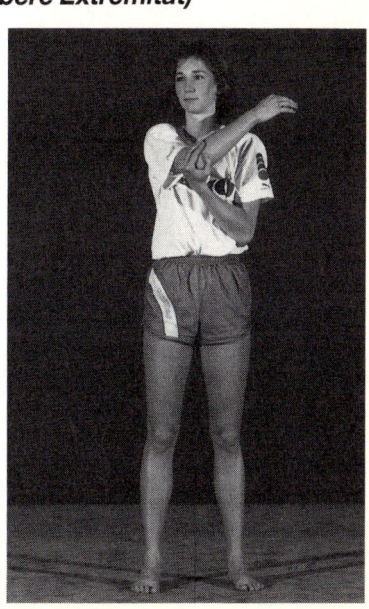

Übung 4.1:

Dehnung des breitesten Rücken-
muskels und des hinteren Teils des
Deltamuskels
Ausgangsposition: Angewinkelter
Arm vor dem Körper
Ausführung: Ellbogen des
angewinkelten Arms in Richtung
der Gegenschulter ziehen.

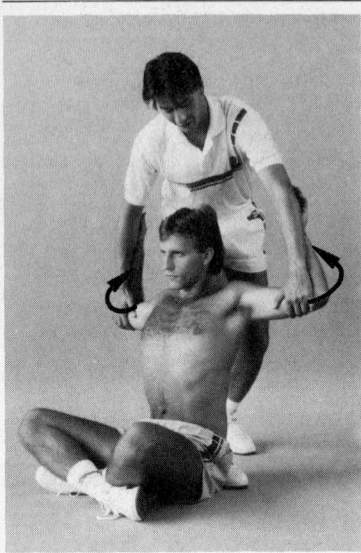

Übung 4.2:
Passive Dehnung der
Brustmuskulatur
Ausgangsposition: Schneidersitz
mit aufgerichteter Wirbelsäule.
Partner ergreift von hinten die
Arme am Ellbogen und begleitet
das Aufrichten der Wirbelsäule
mit dem im Rücken stützenden
Bein.
Ausführung: Partner zieht Arme
in mittlere Position.

Kräftigen

Kräftigungsübungen in der Aufwärmarbeit haben zwar auch die Funktion, nachfolgend benötigte Muskelgruppen zu aktivieren, sie dienen aber
vornehmlich der Vorbeugung von Verletzungen. In diesem Zusammenhang kommt aufgrund der judospezifischen Belastung durch drehende
oder scherende Kraftimpulse der Wirbelsäule eine Schlüsselfunktion zu.
Die beste Versicherung gegen Über- oder Fehlbeanspruchungen der Wirbelsäule ist eine gut ausgebildete Rumpfmuskulatur. Das Training der
Rumpfkraft hat deshalb unter schädigungsvorbeugender Perspektive Vor-
rang vor dem Training der Extremitätenkraft.
Aber gerade beim Training der Rumpfmuskulatur werden trotz geklärter
anatomischer und physiologischer Bedingungen immer wieder typische
Fehler begangen, die zu einer Fehlbeanspruchung der Wirbelsäule führen.
Erster Fehler: Es kann gar nicht oft genug erwähnt werden, daß Übungen
wie Klappmesser, Sit ups oder Rumpfaufrichten am Bauchbrett vorrangig
einen Aufbau der in Alltagsbewegungen ohnehin trainierten Hüftbeuge-
muskulatur bewirken und nur nachgeordnet die Bauchmuskulatur kräftigen. Die Folgen einer muskulären Dysbalance solchen Trainings wurden

oben am Beispiel der Veränderung der Wirbelsäulen-Becken-Statik angesprochen (siehe S. 22).

Zweiter Fehler: Die auf Haltearbeit eingerichteten Fixationsmuskeln des Rumpfes werden völlig unfunktionell, da nicht fasertypisch, durch schnellkräftigendes Rumpfheben aus der Rückenlage (Sit ups) oder durch explosive Klappmesser trainiert.

Dritter Fehler: Er liegt in der Überstreckung der Wirbelsäule bei Kräftigungsübungen, wie beispielsweise Sit ups in den Reitsitz auf einem eine Bank bildenden Partner.

Um solche Fehler zu vermeiden, sind Übungen zu bevorzugen, die 1. die Mitarbeit der Lendenarmbeinmuskulatur beim Rumpfaufrichten aus der Rückenlage verhindern und 2. die Druckbelastungen der Wirbelsäule durch eine Aufrollbewegung ohne Abheben des oberen Beckenrandes vermindern.

Das folgende Übungsprogramm beginnt mit Funktionskreis 2 und schließt die die Extremitäten betreffenden Funktionskreise an. Hinweise zu unfunktionellen Übungen, die die Rumpfmuskulatur nicht betreffen, werden im fortlaufenden Text gegeben (vgl. auch die Darstellung unfunktioneller Übungen in KNEBEL 1985).

Funktionskreis 2

(untere Brustwirbelsäule, Lenden-Becken-Hüftregion)

Übung 2.1:
Kräftigung der geraden Rückenmuskulatur
Ausgangsposition: Schulterbreiter Kniestand beidbeinig, Hände im Nakken verschränkt
Ausführung: Oberkörper heben und Wirbelsäule strecken. Den Oberkörper 5 Sekunden freischwebend halten. 4–8 Wiederholungen.

Übung 2.2:

Kräftigung der Rückenmuskulatur
Ausgangsposition: Vierfüßlerstand
Ausführung: Knie zum Kopf ziehen und mit gegenüberliegender Hand umfassen. Arm und Bein langsam gegen eine gedachte Wand wegstrecken (Fingerspitzen nach oben, Fußspitzen nach unten).

Übung 2.3:
Kräftigung der geraden Bauchmuskeln
Ausgangsposition: Rückenlage, Knie gebeugt, Füße fest am Boden.
Ausführung: Langsames aufeinanderfolgendes Anheben von Kopf und Schulter. Aufrollen «Wirbel für Wirbel», und diese Position 2–3 Sekunden halten. 8 Wiederholungen.

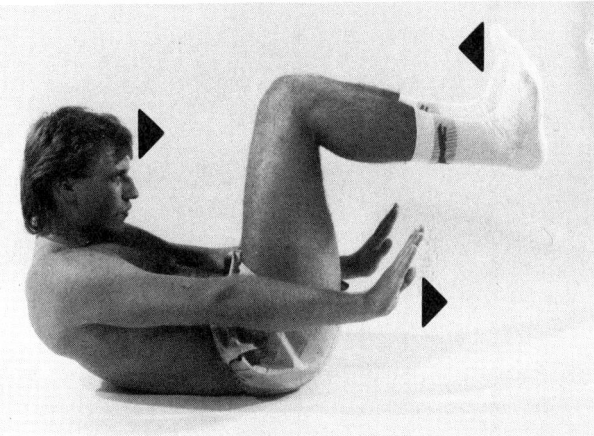

Übung 2.4:
Kräftigung der geraden
Bauchmuskeln
Ausgangsposition: Rückenlage,
rechter Winkel in Knie- und
Hüftgelenk.
Fixieren des Oberkörpers.
Ausführung: Heben und Senken
des Gesäßes bei fixierter Winkel-
stellung.
4–8 Wiederholungen.

Übung 2.5:
Kräftigung der schrägen Bauchmuskulatur
Ausgangsposition: Rückenlage, gestreckte Arme, Hände verschränkt.
Ausführung: Rumpfeinrollen mit Verwringung. Diagonal gegengleiches Schieben der Hände nach links und Ziehen der Knie nach rechts und umgekehrt. 2–3 Sekunden halten. 4–8 Wiederholungen.

Funktionskreis 3 *(untere Lendenwirbelsäule, Hüftgelenk, Kreuz- und Darmbeingelenk, untere Extremität)*

Übung 3.1:
Kräftigung der Adduktoren
Ausgangsposition: Seitenlage, auf Ellbogen abgestützt
Ausführung: Körper in den seitlichen Stütz anheben und unteres Bein anziehen.

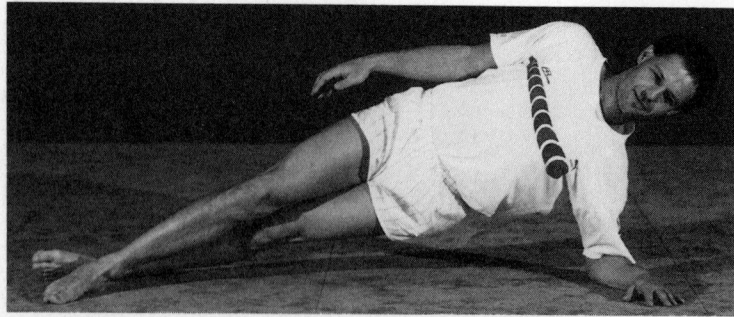

Kräftigen/Funktionskreis 3

Übung 3.2:
Kräftigung der Abduktoren
Ausgangsposition: Seitenlage; unteres Bein ca. 90 Grad im Hüft- und Kniegelenk gebeugt
Ausführung: Partner stabilisiert mit einer Hand das Becken und baut nur im Kniebereich des Oberschenkels (!) Widerstand auf. Bein gegen diesen Widerstand abspreizen.

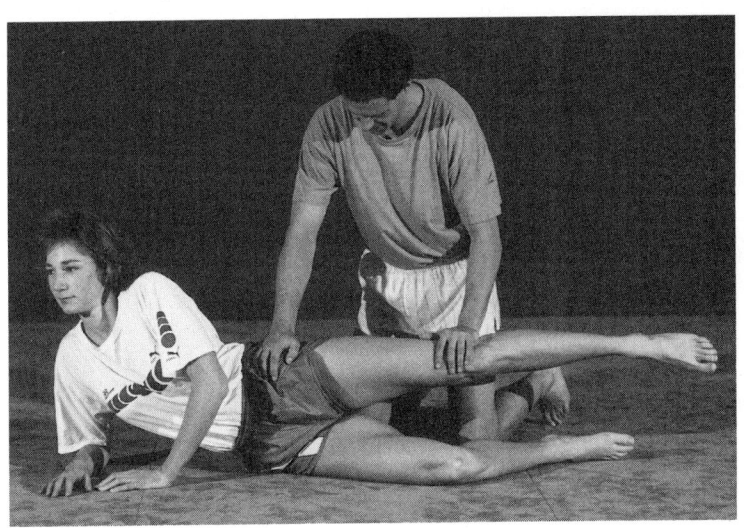

Übung 3.3:
Stabilisation der Fußgelenke und Kräftigung der Waden- und Fuß- muskulatur
Ausgangsposition: Stand barfuß auf einer Weichbodenmatte
Ausführung: Wechselseitiges Heben und Senken der Fersen.

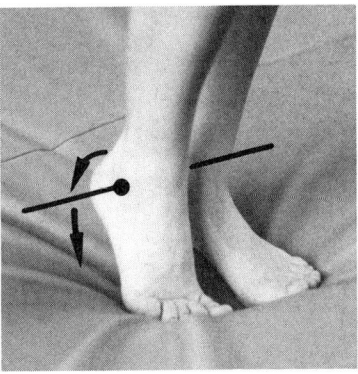

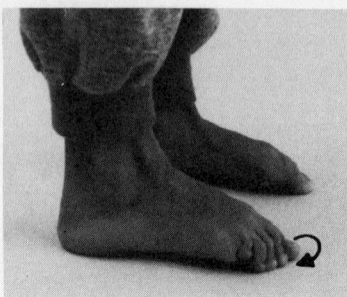

Übung 3.4:
Kräftigung der Zehenbeuger zur Stabilisation des Fußgewölbes
Ausgangsposition: Aufrechter Stand
Ausführung: Sich mit den Zehen nach vorne ziehen.

Funktionskreis 1

(Halswirbelsäule, obere Brustwirbelsäule)

Übung 1.1:
Kräftigung der tiefen Nackenmuskulatur

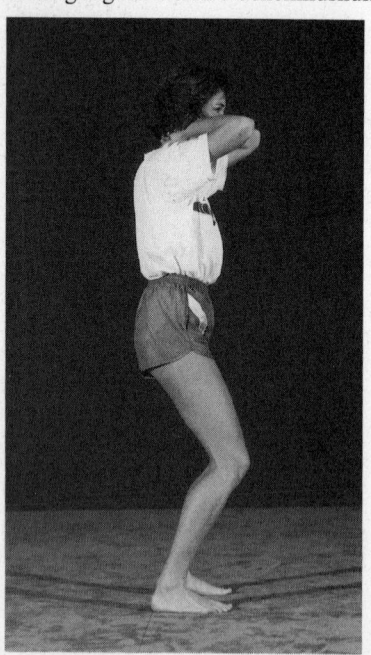

Ausgangsposition: Hände im Nacken verschränken, Blick horizontal
Ausführung: Isometrische Anspannung der Nackenmuskulatur gegen den Widerstand der Hände, Kopf weder nach vorn noch nach hinten neigen.

Funktionskreis 4

(Schulter, obere Extremität)

Übung 4.2:
Kräftigung der Ellbogenstrecker und Schultergürtelstabilisatoren
Ausgangsposition: Liegestütz im Knien. Hände leicht nach innen. Füße
verschränken. Schulterblätter zusammenziehen. (Ansonsten mangels
Kraft gerade im Kinder- und Jugendbereich geringe Stabilisation der
Schulterblätter und Bandscheibenbelastung durch Durchhängen.)
Ausführung: Arme strecken und beugen. Dabei Füße nach außen drük-
ken, um Beinkette zu stabilisieren.

Komplexübungen

Übung a):

Kräftigung der gesamten Muskelkette des Rumpfs und der Beine
Ausgangsposition: Rückenlage, ein Bein gebeugt, das andere gestreckt
und nur auf der Ferse abgestützt
Ausführung: Durch Druck der Ferse auf der Unterlage das Becken anheben und in der Endposition leichte Bogenspannung aufbauen. Hände
drücken gegen das Knie des gebeugten Beins.

Übung b):

Kräftigung der seitlichen Rumpfmuskulatur unter Einschluß der Knie-
und Fußgelenkstabilisatoren
Ausgangsposition: Siehe Foto
Ausführung: Anheben des Beckens

Übung c):
Kräftigung der gesamten Rumpfmuskulatur mit Einschluß der
Beinkette

Ausgangsposition: Schrittstellung
Ausführung: Versuchen, die Beine zu schließen, Wirbelsäule aufrichten
und Arme und Schultern nach unten drücken.

Abwärmen

Neben dem *passiven* Entmüden der Muskulatur nach einem Wettkampf
oder Training ist *aktives* Entmüden zu empfehlen, um die Regenerations-
zeit zu verkürzen und das allgemeine Wohlbefinden zu erhöhen.
Das Abwärmmuster ähnelt dem Aktionsmuster des Aufwärmens. Es wird
mit Ganzkörperbewegungen geringer Intensität begonnen (Auslaufen,
Hampelmann), um den Abbau von Stoffwechselendprodukten (Lactat-
Abbau) zu unterstützen. Es folgen vorzugsweise gehaltene Dehnübungen,
um Muskelverspannungen zu beseitigen und den hypertonen Funktions-
zustand der Muskulatur auf ein normales Maß zu reduzieren. Den Abschluß bilden Entspannungsübungen, um über das körperliche auch das
mentale und emotionale Gleichgewicht zu finden (SYER / CONNOLLY 1987,
41–47).
Physiologisches Abwärmen kann nicht nur auf Ihren Körper entspan-
nende Wirkung haben, sondern auch auf Ihre Psyche und beispielsweise
zur Streßbewältigung beitragen. Gerade Dehnungsübungen helfen dabei,
die Gefühle und Empfindungen zu verarbeiten, die im Training oder
Wettkampf entstanden sind, sei es Enttäuschung, Ärger, Müdigkeit,
Überspanntheit oder auch Hochstimmung. Entspannung auf emotiona-
lem oder mentalem Gebiet kann wiederum auf das körperliche Wohlbefinden zurückwirken. Die folgenden Übungen helfen Ihnen dabei, sich
physisch und psychisch zu entspannen.

Beispiele für Entspannungspositionen

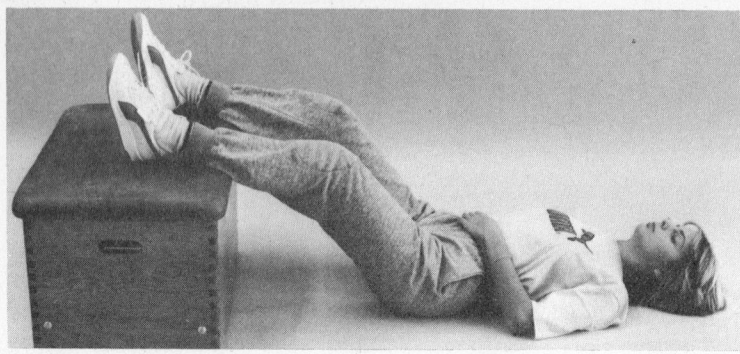

Beine leicht hochlegen (optimale Entspannungshaltung)

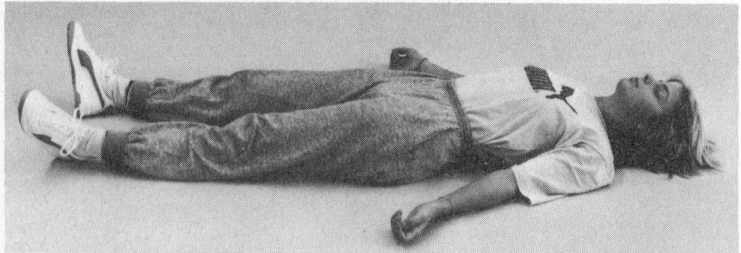

Totenstellung (Schabâsana im Yoga) (optimale Entspannungshaltung)

Hakenposition (Aushängen)
(optimale Muskelentspannungshaltung für den Lendenwirbelsäulen-
bereich, besonders des lumbo-sakralen Übergangs)

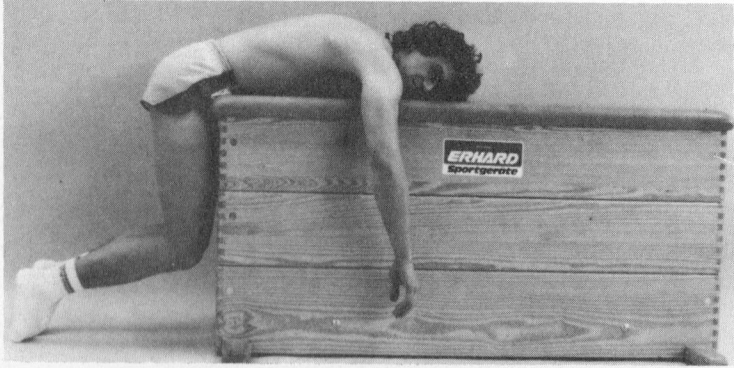

Droschkenkutscherhaltung

Hochlegen der Beine

Versuchen Sie zum Abschluß Ihres Trainings einmal folgende Visualisierungsübung, die SYER/CONNOLLY (1987, 47f) so beschreiben:

«Stellen Sie sich vor, Sie sind ein Gefäß, das mit einer schweren farbigen Flüssigkeit gefüllt ist. Sie haben Ventile an Fingern und Zehen, und während Sie still dasitzen, wird ein Ventil nach dem anderen geöffnet. Sie können fühlen, wie die Flüssigkeit aus den Ventilen fließt, so daß Sie sitzend zuerst einen freien Raum in Ihrem Kopf verspüren, dann sinkt das Niveau der Flüssigkeit tiefer, zu den Augenbrauen, den Augen, den Lippen, tiefer, bis der ganze Kopf klar ist. Die schwere Flüssigkeit ·verläßt Hals und Schultern, läuft ab durch Handgelenke, Daumen, Hände und Finger. Jetzt ist der ganze Oberkörper frei. Das Niveau sinkt tiefer durch Becken, Gesäßmuskeln, Oberschenkel, Knie, Fußgelenke und Füße, bis schließlich die letzten Tropfen den Körper durch die Zehen verlassen und das Gefäß, den Körper, unbeschwert, klar, leicht und entspannt zurücklassen, nur durch den Stuhl und den Boden getragen.»

Fallen – Psychologie und Technik

Harald hat Angst, zu fallen. Er meidet Situationen, in denen er geworfen wird. Im Fallen verkrampft er und klammert sich an seinem Partner fest. Gerade deshalb tut es ihm weh, wenn er geworfen wird, und weil es ihm weh tut, klammert er. Harald hört eines Tages mit Judo auf.

Für Harald hat die Anforderung, fallen zu müssen, einen bedrohlichen Charakter. Bewußt oder unbewußt bewertet er sie als schädigend, sie belastet ihn, und dieser Belastung möchte er entgehen. Er möchte die Anforderung «Fallen» bewältigen. Dies gelingt ihm nicht sehr erfolgreich, indem er sich an seinen Partnern festklammert. Nicht nur, daß diese sich beschweren; der Fall ist einfach schmerzhaft. Deshalb meidet Harald am liebsten Situationen, in denen er fallen muß. Fallen ist für ihn zu einer Streßsituation geworden. EBERSPÄCHER (1982, 205) stellt diesen Prozeß der Streßentstehung und -bewältigung in Anlehnung an ein Modell von LAZARUS dar (Abb. rechts).

Erwachsene fallen ungern. Sie haben Angst, sich weh zu tun. Nicht selten wird dies zum Problem der Fallschule, die unabdingbar zum Erlernen von Judo gehört. Viele, die Judo betreiben möchten, bringen in die erste Übungsstunde häufig schon einen reichen Schatz an Erfahrungen mit Fallsituationen mit. Eis, weggeworfene Bananenschalen, gewachste Treppen, Stolperfallen, offene Schuhbänder – alles alltägliche Anlässe, den Boden unter den Füßen zu verlieren. Als Kinder schienen sie der Gefahr, hinzufallen, noch weitaus stärker ausgeliefert zu sein. Kinder fallen die Treppe hinunter und vom Stuhl, wenn sie mit ihm hin und her wippen. Erste Gehversuche enden im Fall, ebenso wie die ersten Eroberungsversuche des Baumes, des Klettergerüsts oder der Leiter. Sie fallen vom Geländer, auf dem sie balancieren, und vom Rad, mit dem sie ihre erste Runde drehen. Sie fallen von der Schaukel und vom Schlitten. Sie fallen beim Roll- und Schlittschuhlaufen. Hinzufallen und sich dabei weh zu tun ist eine alltägliche Erfahrung.

Dies muß aber nicht die einzige Erfahrung sein. Fallen steht keineswegs nur für das Mißlingen von Bewegungshandlungen, ganz gleich, ob es sich dabei um Grundtätigkeiten wie Stehen, Gehen, Laufen und Klettern handelt. Denken Sie an eine Alltagsbeobachtung wie diese:

Sonnabend vormittag, der Spielplatz liegt in einer Grünanlage. Das Klettergerüst besteht aus Rohren, die zu aufeinandergetürmten Quadern angeordnet sind, so daß sie hohe und niedrige Schächte bilden. Einige Kinder stürzen sich von der Außenseite des Gerüsts in den Sand. Sie kippen sich aus dem Sitz nach vorne, landen auf den Knien und Händen, versuchen, abzurollen. Wer im Stand landet, läßt sich trotzdem mit einer kunstvollen Pirouette fallen. Fallen ist in dieser Szene ein positiver, erlebnisreicher Inhalt des Bewegungslebens, keineswegs angstbesetzt und vermeidungsträchtig. Dies ist schon auf frühen Stufen kindlicher Motorik beobachtbar. Ist anfangs der Sturz noch Zeichen für das Mißlingen erster Steh-

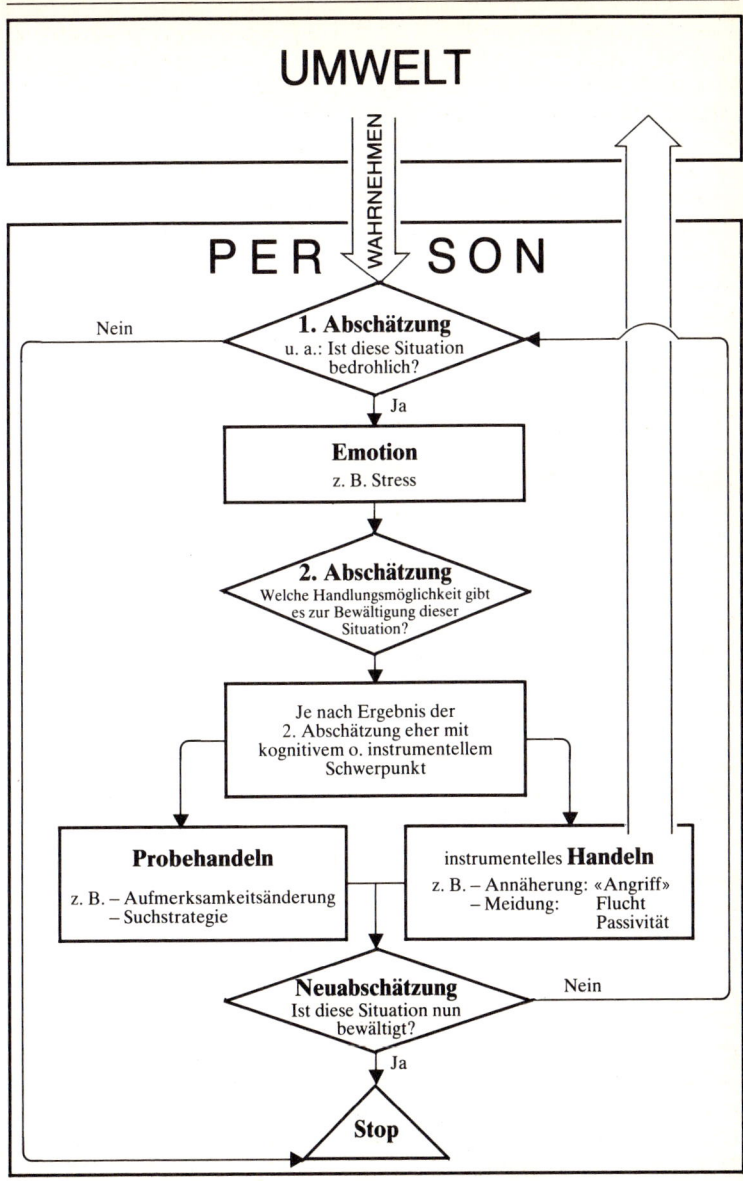

(Eberspächer 1982, 205)

und Gehversuche, so wird der Stand als mühsam erübtes Können im freudvollen Fall in die Kissen aufgehoben. Fallen ist nicht nur Folge eines Mißlingens. Fallen ist Mutprobe, Vertrauensbeweis, Schauspiel.

Wenn Fallsituationen, die im Judo nun einmal unvermeidlich sind, nicht zu Streßsituationen werden sollen, dann muß ein Lehrgang so aufgebaut sein, daß die Wahrnehmung der Fallsituationen an freudvollen Vorerfahrungen anknüpft und methodisch so fortschreitet, daß die *Kontrolle* über den Fall beim Lernenden bleibt. Deshalb braucht man:

Fallgelegenheiten

Knüpfen Sie an positive Erfahrungen mit Fallsituationen an. Sofern sich die Möglichkeit bietet, schaffen Sie zunächst Situationen, in denen Fallen Spaß macht, ohne weh zu tun.

- Das Ausrutschen: Eine Weichmatte wird mit einer Plastikplane bedeckt, auf der Schmierseife verteilt wird.
- Den Boden unter den Füßen verlieren: Sich auf eine Decke hocken, die auf einer Weichmatte liegt. Ein anderer zieht mit einem Ruck an der Decke, so daß dem Hockenden der Boden unter den Füßen weggezogen wird und er auf den Rücken fällt.
- Eine Mauer fällt um: Sich an eine senkrecht stehende Weichmatte stellen. Die Matte zu Fall bringen und an ihr kleben.
- Vertrauenskreis: Sich nebeneinander zu einem Kreis stellen. Einer stellt sich in die Mitte und läßt sich steif und mit angelegten Armen nach vorn und hinten fallen. Die Personen im Kreis fangen den Fallenden vorsichtig auf und geben dem Fall eine andere Richtung.
- Einen Fall gemeinsam gestalten: Wie dreht mich mein Partner aus meinem Kniestand auf den Rücken? Wie drehe ich mich am besten mit?

Entwickeln Sie aus Partnerübungen die

Fallübungen

In allen Fallübungen sollte das Vertrauen zum Partner und das Verantwortungsbewußtsein des Werfenden zum Tragen kommen. Darum ist es zu Beginn der Übungsprozesse wichtig, daß der gelungene Fall als ein Produkt der Bemühung beider, nämlich des Werfenden und des Fallenden, begriffen wird. Folgende Übungen sind hierzu gut geeignet (vgl. BIROD 1984, 35 f):

Uke im Kniestand. Rechtes
Knie auf der Matte, linker Fuß
aufgesetzt, keine Beugung im
Hüftgelenk. Partner Tori steht vor
ihm. Die linke Hand faßt von außen den Stoff des Judogi in Höhe
des Unterarms, die rechte Hand
packt die linke Seite des Revers.
Uke greift in gleicher Weise. Tori
setzt den rechten Fuß vor Ukes
aufgesetzten linken Fuß (Zehen
zeigen zur Mitte); er tippt mit dem
Fußballen gegen Ukes aufgesetz-
tes Knie (Foto oben) und zieht mit
der linken Hand leicht nach vorn
oben.

Uke läßt sich nach diesem ‹Antip-
pen› seines Knies, auf diesem um
seine Längsachse drehend, nach
vorn fallen. Er folgt damit dem
Zug von Toris Hand (Foto Mitte).

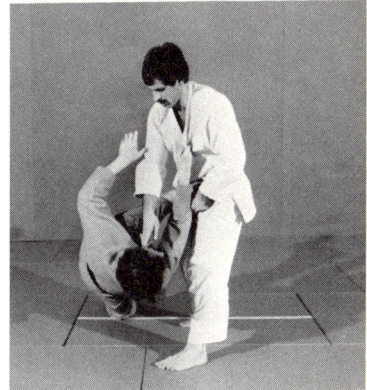

Links Abschlagen und Einnehmen
der unter (3) beschriebenen Endposition. Die rechte Hand hält
weiter Toris Revers (Foto unten).

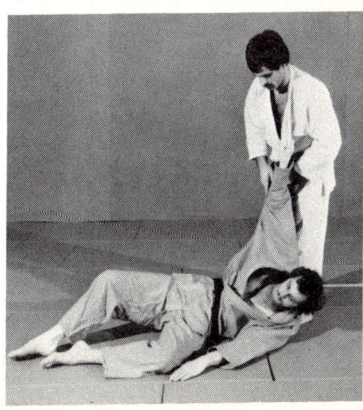

Ausgangsstellung: Kniestand
Uke. Tori steht mit dem Rücken
zu Uke. Er unterstützt diesen Fall
durch Zug mit der linken und
Druck mit der rechten Hand (Foto
oben). Uke fällt wie zuvor.

Uke steht, Füße in Schulterbreite.
Tori dreht ihm den Rücken zu,
Beine leicht gegrätscht, rechter
Fuß zwischen Ukes Füßen, linker
Fuß links von Ukes linkem Fuß.
Der rechte Arm umfaßt Ukes
Hüfte, die linke Hand zieht nach
vorn links. Uke läßt sich nach
vorn fallen. Der rechte Fuß bleibt
möglichst lange auf der Matte. Er
rutscht um Toris Hüfte herum
(Foto Mitte). Tori dosiert den Fall
mit seinem rechten Arm. Endhal-
tung wie bisher.
Mit mehr Schwung ausgeführt, ist
dies die Wurftechnik *Uki-Goshi*
(= Hüftschwung; *Uki* = schweben,
flattern, *Goshi* = Hüfte).

Uke steht. Beine leicht gegrätscht.
Tori hat beide Füße zwischen
Ukes Füßen. Der rechte Arm liegt
um die Hüfte und zieht nach vorn.
Uke versucht zunächst, wie ein
nasser Sack auf Toris Hüfte zu
liegen. Erst dann läßt er sich zu
Boden rutschen (Foto unten).
Gewohnte Endhaltung. Mit
Schwung und ohne Pause ausge-
führt, ist dies die Wurftechnik
O-Goshi (= Großer Hüftwurf;
O = groß, *Goshi* = Hüfte).

(Birod 1979, 35/36)

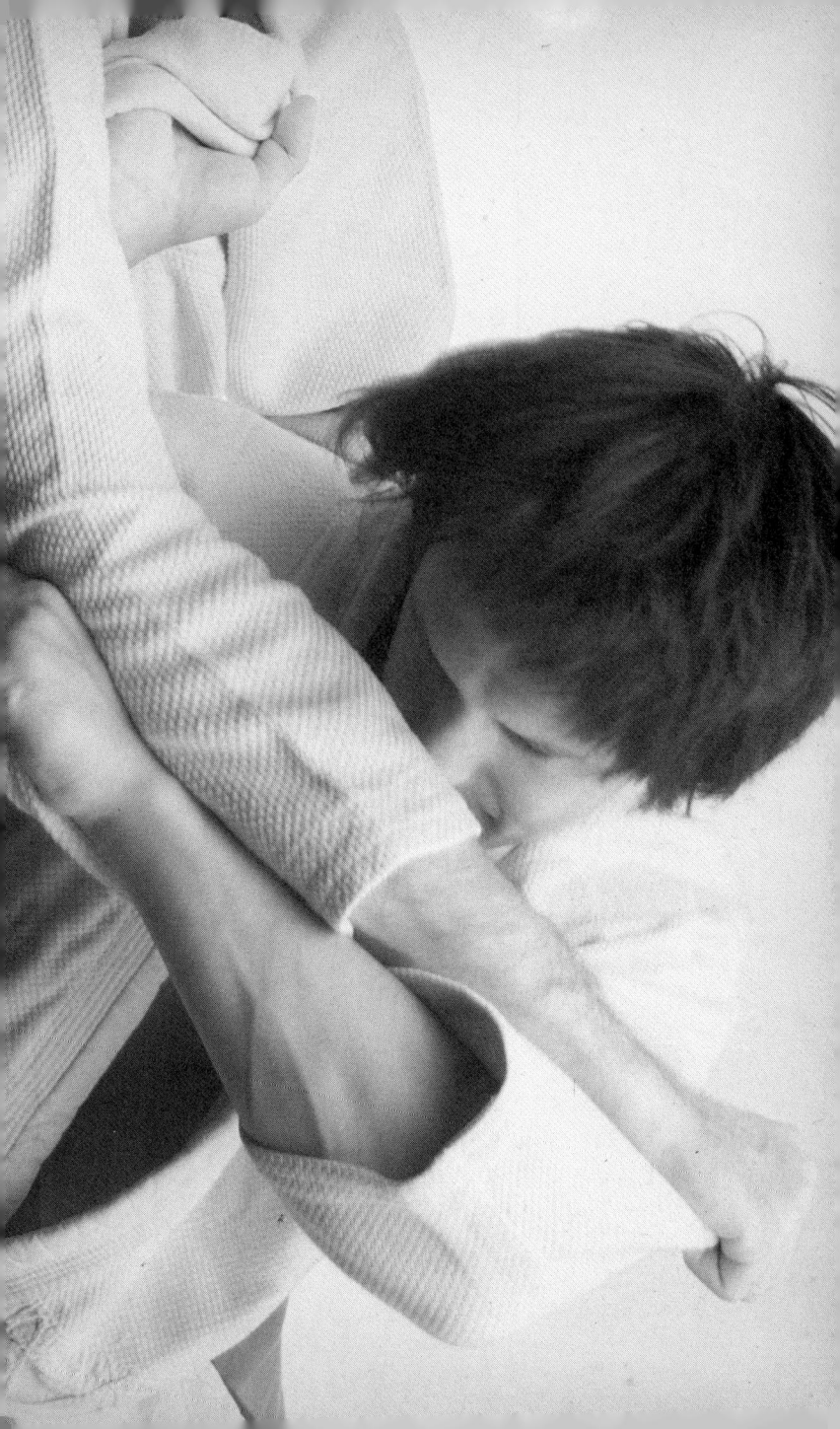

Fallübungen dienen der Aneignung und Automatisation der

Falltechnik

Ohne gute Falltechnik ist die Teilnahme am Kampf um das Gleichgewicht nur sehr begrenzt möglich. Wer geworfen wird, muß so fallen können, daß er sich nicht verletzt. Hierzu ist im Judo eine Technik herausgebildet worden, die durch federndes Abschlagen mit einem Arm oder beiden Armen vor dem Aufprall den Fall bricht und in Verbindung mit der offenen Beinhaltung die Aufprallenergie auf eine möglichst große Fläche verteilt.

Beim Erlernen der Falltechnik ist es sehr schwierig, sich das Abschlagen anzueignen, weil es eine Bewegung ist, die gegen die natürliche Reaktion auf plötzliches Fallen gerichtet ist:

«Aber das Neugeborene der auf Bäumen lebenden Primaten hat, wenn es vom Baum fällt (wie das manchen zufällig und vielen bei Erdbeben widerfahren mochte), einige Aussicht zu überleben, wenn sein Brustkorb durch eine heftige Kontraktion der Bauchmuskulatur federnd gemacht und der Atem angehalten wird, bei – durch die allgemeine Kontraktion der Beuger – vom Boden weggebeugtem Kopf. Dies verhindert, daß der Hinterkopf auf den Boden schlägt, und sorgt überdies dafür, daß die Körperstelle, die auf den Boden prallt, an einer stark gebeugten Wirbelsäule ist, und zwar in der Gegend der unteren Brustwirbel oder noch weiter unten und dem Schwerpunkt näher. So wird der Aufschlag zu einem tangentialen Stoß in Richtung der Rückgratstruktur beidseits der Aufschlagstelle und wird von den Knochen, Bändern und Muskeln abgefangen, statt zu den inneren Organen weitergeleitet zu werden und den Körper tödlich zu verletzen. (...) Die Körperhaltung, welche beim Judo gelehrt wird, um einen Fall zu brechen, ist genau die gleiche wie die, welche durch den Fallreiz beim Kleinkind hervorgerufen wird. Judo- und Aikidolehrer mögen daher in meiner Beschreibung die Erklärung finden dafür, warum es Anfängern schwerfällt, ihre Arme zu benützen, um einen Fall zu brechen. Die Arme möchten sich beugen, wie dies zur angeborenen Reaktion aufs Fallen gehört. Anfänger neigen daher dazu, sich die Ellbogen anzuschlagen, bis sie gelernt haben, das Beugen der Arme bewußt zu kontrollieren und zu hemmen. Später lernen sie, mit der Hand auf den Boden zu klatschen, d. h. die Armbewegung vom instinktiven Schema der durchs Fallen ausgelösten Beugerkontraktion vollends zu dissoziieren. Fällt ein Körper auf den Rücken bei zusammengezogenen Beugern des Kopfs und des Unterleibs, so kann er einen Sturz aus beträchtlicher Höhe überstehen.» (Feldenkrais 1987, 97f)

Übungen zum Abschlagen mit großen Wiederholungszahlen lassen sich deshalb auch nicht vermeiden, ebensowenig ein Rest damit verbundener Langeweile. Um so mehr sollte deshalb Abwechselung und Vielfalt die Fallschule kennzeichnen.

Würfe nach
Funktionsphasen
lehren und lernen

Die Struktur des Wurfes bestimmen

Fertigkeiten als Aktionen des Sportlers zur optimalen Lösung von Bewegungsaufgaben haben einen bestimmten Ablauf. Wer Fertigkeiten lehrt oder lernt, wird eine Vorstellung über diesen Ablauf entwickeln, die die Bewegungshandlung leitet. Eine einfache Ablaufanalyse beschreibt das Nacheinander von Teilbewegungen, ohne eine besondere Gewichtung vorzunehmen. Solche, wenn auch detaillierten Analysen zeitlicher Bewegungsabläufe liefern jedoch keine klaren Antworten auf die Frage, welche Bedeutung den einzelnen Bewegungsbestandteilen in bezug auf die Lösung der Bewegungsaufgabe zukommt. In der Praxis der Bewegungsanweisung und Bewegungskorrektur spielt es aber erfahrungsgemäß eine wichtige Rolle, daß bestimmte Elemente der Bewegung besonders betont, andere jedoch kaum hervorgehoben werden. So wird beispielsweise die Blickrichtung bei einem Hüftwurf in die Anweisung mit einbezogen: «Schau dorthin, wohin der Partner fallen soll!» Anderen Bewegungsanteilen, ob der Griff um die Hüfte beispielsweise knapp über dem Gürtel oder etwas höher liegen sollte, wird weniger Beachtung geschenkt.

In der traditionellen Bewegungslehre des Judo ist die Bedeutung einzelner Bewegungsphasen für die Lösung der Bewegungsaufgabe schon immer gewichtet worden. Die Wurftechnik wird ganz grob in drei Phasen untergliedert, nämlich der Phase des *Kuzushi* (Gleichgewichtsstörung), der Phase des *Tsukuri* (Eindrehbewegung) und der Phase des *Kake* (Niederwurf). Diese drei Phasen werden in der Reihenfolge ihres zeitlichen Ablaufs gewichtet. In der Regel wird der Störung des gegnerischen Gleichgewichts die meiste Bedeutung für das Gelingen einer Wurftechnik zugesprochen, während der Phase des Niederwerfens weniger Bedeutung zukommt. Diese Gewichtung wirkt plausibel, weil ein instabiles Gleichgewicht des Gegners in der Tat Voraussetzung ist, eine Wurftechnik anzubringen. Aber es ist andererseits einzuwenden, daß das Ziel der Bewegungshandlung, nämlich der Fall des Gegners, weder dadurch bewirkt wird, daß er in ein instabiles Gleichgewicht gerät, noch dadurch, daß ein Wurf lediglich angesetzt wird. Beides erfüllt für die Lösung der Bewegungsaufgabe eine wichtige *Hilfsfunktion*, die eigentliche *Hauptfunktion* kommt jedoch der Phase zu, in der der Gegner sein Gleichgewicht vollständig verliert, also dem Niederwurf.

Mit der Unterscheidung von Hilfs- und Hauptfunktionsphase wird hier ein anderes Konzept zugrunde gelegt als das traditionelle, nämlich das der «Funktionalen Bewegungsanalyse» (GÖHNER 1979). Der Gedanke der Gewichtung von Bewegungsphasen nach Bedeutsamkeit für die Lösung der Bewegungsaufgabe wird beibehalten, jedoch wird die Gewichtung anders vorgenommen. Als Hauptaktion wird die Phase betrachtet, mit der das *Ziel* der Bewegungshandlung erreicht wird. Im Fall der Würfe beispielsweise, mit denen in der Regel der Schritt des Gegners unterlaufen wird, also den Hüft- und Schulterwürfen, besteht diese Phase aus der Koordination von 1. Beinstreckung und 2. Beugedrehung des Oberkörpers. Als Hilfsaktionen werden die Phasen betrachtet, die die Hauptaktion entweder vorbereiten, sie unterstützen oder in eine neue Ausgangssituation überleiten. Dementsprechend spricht man von der *vorbereitenden*, *unterstützenden* und *überleitenden* Hilfsfunktionsphase.

Andere Würfe zielen darauf, den Schritt des Partners zu verlängern, zu blockieren oder zu verstärken, um ihn zu Fall zu bringen. In den Hauptphasen spielen jeweils sichelnde, fegende, hebelnde oder schleudernde Bewegungen eine Rolle, die durch Ausholbewegungen vorbereitet und durch Griffe unterstützt werden.

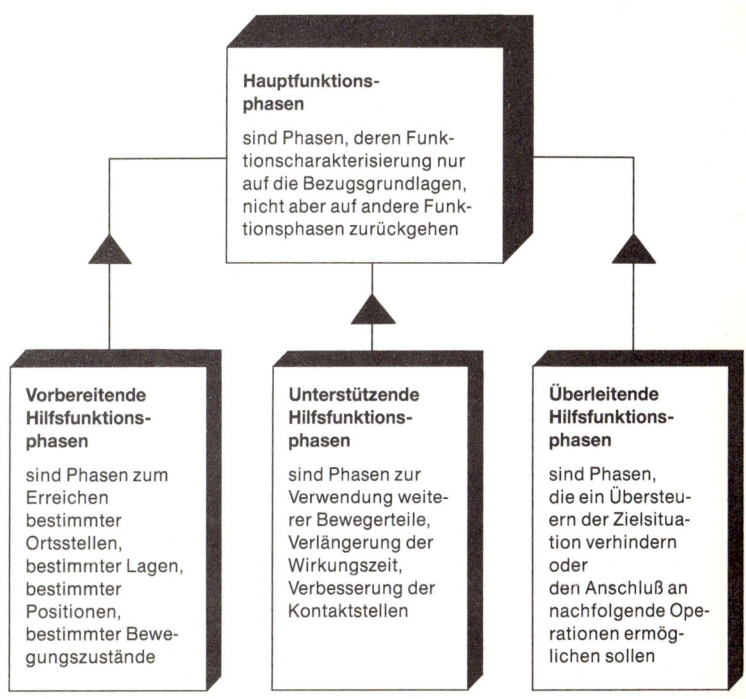

Allgemeine Funktionsstruktur

(Göhner 1979, 193)

Das Ziel verdeutlichen:
Wie werfe ich den Partner?

Beginnen Sie die Lehre eines Wurfes nicht mit der Eindrehbewegung oder dem sogenannten Gleichgewichtsbrechen, sondern lassen Sie zunächst das Wichtigste erfahren, nämlich wie aus einer Grundposition heraus der Partner überhaupt zu werfen ist. Die Grundposition können Sie durch eine Aufgabe vermitteln.

Ein oder zwei Schüler sollen nach einer Zeichnung oder einem Foto, das die Grundposition eines Hüftwurfes abbildet, zwei Mitschüler zu einem ‹Denkmal› modellieren. Wenn dies korrekt gelingt, sollen die Schüler versuchen, sich selbst zu modellieren, wobei die Mitschüler überprüfen, ob alles stimmig ist.

Lenken Sie die Aufmerksamkeit auf die Beugedrehung des Oberkörpers und auf die Streckung der Beine.

Nur für Fortgeschrittene: Bei diesem Wurf wird die Hauptphase durch die Beugedrehung des Oberkörpers realisiert. Eine Beinstreckung ist nicht mehr möglich. Welche Bedingung muß erfüllt sein, damit die fehlende Beinstreckung kompensiert wird? (Der Gegner muß sich in einer Vorwärtsbewegung befinden.)

Details hervorheben: Was unterstützt die Hauptphase?

Kontaktstellen

Wie haben sich die Kontaktstellen im Vergleich zur Grundposition verändert?

Wie kann ich die Kontaktstellen zum Partner noch verändern? Wie verändert sich dadurch mein Wurfgefühl? Welche Kontaktstellung liegt mir besonders? Welche mag ich nicht so gerne? Ob mit der rechten Hand die Achseltasche, die Hüfte oder das Revers in Nackenhöhe gegriffen, ob mit *Morote-* oder *Ippon Seoi Nage*-Armhaltung geworfen wird, ist für die Aufrechterhaltung der Hauptfunktionen Beinstreckung und Beugedrehung des Oberkörpers völlig gleichgültig. Sie werden nur jeweils durch die Bildung anderer Kontaktstellen anders unterstützt.

Die besondere Rolle der Kopfsteuerung

Anfänger möchten sich meistens gerne bei ihrem eigenen Wurf selbst zuschauen. Sie schauen nach rechts und blockieren hierdurch die Beugedrehung des Oberkörpers nach links.

Die Bewegung des Kopfes hat für viele Würfe im Judo eine steuernde Funktion. Die Bewegung des Kopfes geht der Bewegung des Rumpfes voran und steuert die Drehung des Körpers um die Längsachse. Zugleich wird die Drehung um die Breitenachse bei der Beugung des Oberkörpers durch die Kopfhaltung in der Weise beeinflußt, daß durch das Vorbeugen des Kopfes, vermittelt durch tonische Halsreflexe, der Beugertonus der Rumpfmuskulatur erhöht wird.

Verdeutlichen Sie Ihren Schülern die Bedeutung der Kopfsteuerung für den gesamten Bewegungsablauf:

- Geben Sie umgebungsbezogene visuelle Hilfen. Markieren Sie Punkte auf der Matte, auf die der Blick gerichtet werden soll.
- Lassen Sie mit geschlossenen Augen aus der Grundposition werfen. Geben Sie die Aufgabe, die ersten Male das Kinn auf die rechte Schulter, die nächsten Male das Kinn auf die linke Schulter zu legen. Lassen Sie die Unterschiede im Wurfgefühl beschreiben.
- Verwenden Sie auch Übungen, wie sie z. B. M. FELDENKRAIS (1978, 168–170) vorschlägt:

1. Ausgangslage

Legen Sie sich auf den Bauch. Mit den Handtellern abwärts, legen Sie eine Hand auf die andere und Ihre Stirn auf den Rücken der oberen Hand. Die Füße ungefähr um Ihre Hüftbreite auseinander. Heben Sie die Füße vom Boden, indem Sie die Knie beugen, und stützen Sie die Füße gegeneinander. Die Waden sollten dabei mit den Oberschenkeln in den Kniekehlen ungefähr einen rechten Winkel bilden, die Knie auseinander bleiben, die Fußsohlen der Zimmerdecke zugekehrt.

2. Bewegung der Beine nach rechts

Lassen Sie Ihre Beine sich nach rechts hinübersenken, aber ohne das linke Knie sich vom Boden heben zu lassen. Damit dies möglich sei, muß der linke Fuß über den Knöchel des rechten und am rechten Unterschenkel entlanggleiten, während sich der rechte Fuß dem Boden nähert. Wenn Ihre Beine zur Ausgangsstellung zurückkehren, wird der linke Fuß am rechten Bein und über den rechten Knöchel zurückgleiten und dann neben dem rechten Fuß wieder stehenbleiben. Wiederholen Sie diese Bewegungen 25mal, und beobachten Sie dabei, auf welchem Weg durch Ihren Knochenbau, durch welche seiner Teile die Drehbewegung sich, vom Fuß aus, Ihren Halswirbeln mitteilt.

3. Bewegung des Ellbogens

Beobachten Sie, welcher Ihrer Ellbogen während dieser Beinbewegung nach rechts ein wenig abwärts, in die Richtung der Beine, gezogen wird, und wie er zu seiner ursprünglichen Lage zurückkehrt, wenn die Beine hinauf zur Mitte zurückkehren. Die Bewegung des Ellbogens ist natürlich sehr klein, aber doch groß genug, um bemerkbar zu sein.

4. Gesicht nach links während der Beinbewegung nach rechts

Legen Sie den linken Handteller auf den Rücken der rechten Hand, wenden Sie den Kopf nach links, und legen Sie das rechte Ohr und die rechte Wange auf die Hände. Beugen Sie wieder die Knie, lassen Sie die Beine sich nach rechts hinübersenken und wieder hinauf in die Mitte zurückkehren. Beobachten Sie die Rippen vorne an Ihrer Brust, und beachten Sie, wie der Druck auf einer Seite vom Brustbein zunimmt, während sich Ihre Beine nach rechts senken. Passen Sie Ihre Stellung an, indem Sie die Brust so entspannen, daß der Druck auf die Rippen verringert wird, und lassen Sie den Druck sich über eine größere Fläche verteilen, bis Sie ihn auf ein Minimum reduziert haben. Während jeder Bewegung der Beine folgen Sie deren Wirkungen von Wirbel zu Wirbel gegen den Kopf hin, und prüfen Sie, ob die Drehbewegung gleichmäßig ist oder ob sich da und dort mehrere Wirbel auf einmal drehen, statt einer nach dem andern. Beobachten Sie auch, ob die Bewegung der Beine dadurch größer geworden ist, daß Sie den Kopf nach links gewendet haben.

5. Prüflage

Wenn Sie die Bewegung 25mal gemacht haben, drehen Sie sich auf den Rücken, strecken Sie Arme und Beine bequem aus, und lassen sie sich ein Weilchen ausruhen. Prüfen Sie dabei Ihren ganzen Rumpf daraufhin, ob und wo er jetzt mit dem Boden anders in Berührung ist als vorher. Drehen Sie den Kopf auf dem Boden nach rechts und nach links mehrmals hin und her, und beobachten Sie, ob die Bewegung nach der einen Seite hin verschieden sei von der nach der andern, d. h. ob sich Ihr Gesicht z. B. nach rechts leichter, fließender und auch weiter dreht als nach links, oder umgekehrt.

Wege zum Ziel entdecken:
Wie drehe ich mich ein?

Halten Sie den Weg der Lösung offen, geben Sie das Ziel des Weges (Grundposition) bekannt. Es gibt verschiedene Wege, eine Grundposition zu erreichen, die allesamt gleichwertig sind, sofern man besondere situative Kontexte unberücksichtigt läßt. Dies zeigen folgende Distanz überwindende Eingänge:

Grundposition Uchi-Mata

Eingang 1: Nachstellschritt vom rechten auf den linken Fuß

Eingang 2: Sprung vom linken Bein
mit gleichbeiniger Landung

Hauptphase

Hier zwei Beispiele für Distanz schaffende Eindrehbewegungen:

Eingang 1: Weiter Schritt vom aufrecht stehenden Partner weg und
Mitreißen des Partners auf das Schwungbein.

Eingang 2: Schritt mit rechts vom Partner weg. Aufsetzen des rechten Fußballens auf Höhe des linken Hackens. Gleichzeitige Drehung über den rechten Ballen, Zug und tiefes Eindrehen.

Anschlüsse schaffen:
Wie gehe ich in eine Bodentechnik über?

Der schnelle Übergang in den Bodenkampf ist häufig kampfentscheidend, wenn die Wurftechnik nicht so erfolgreich war, daß sie schon zum Sieg führt. Wie kann die Bodenlage des Partners für den Anschluß einer Bodentechnik genutzt werden?

Die Ausgangslage

Anschluß: Der Partner versucht sich auf den Bauch zu drehen. Haken Sie Ihren rechten Arm in seinen rechten Arm und greifen Sie mit Ihrer rechten Hand in Ihr linkes Revers.

Drehen Sie sich zum Kopf des Partners.
Führen Sie die Drehung weiter. Legen Sie Ihren linken Arm über rechten
Unterarm und Hüfte des Partners.

Halten Sie ihn mit *Kuzure-Kesa-Gatame*.

Konstruieren Sie mit Ihren Schülern weitere Anschlüsse. Welcher Armhebel bietet sich an, wenn ich den rechten Arm des Partners durch den Griff in mein rechtes Revers kontrolliere? (*Juji-Gatame*)

Würfe einüben: Uchi-Komi

Serielles Ansetzen *(Uchi-Komi)* ist wohl das verbreitetste Mittel, Würfe einzuüben. Dieses Üben ist um so effektiver, je besser der Übende über den dynamischen Verlauf und die Funktion der Phasen der Bewegung informiert ist.

Uchi-Komi zielt auf eine Steigerung der Stabilität der geübten Bewegung, indem im Zuge häufigen Wiederholens bestimmte Abläufe automatisiert werden, d. h., daß die Regulation von Anteilen des Bewegungsablaufes an nicht bewußtseinspflichtige Regulationsebenen delegiert wird, so daß Aufmerksamkeitskapazitäten frei werden, die anfangs für die Kontrolle dieser Abläufe gebunden waren. Automatisation meint nicht, daß ein starres Ablaufprogramm eingeübt wird, das durch ein Signal ausgelöst und immer wieder gleich «abgespult» wird. Solchermaßen starre Signal-Aktionsverbindungen sind in einer situativen Sportart wie Judo Voraussetzung für das Gelingen von Finten. Denn wenn jedesmal auf ein Signal (Anreißen) eine feste Reaktion (Block nach hinten) folgt, ist die Berechenbarkeit dieser Reaktion für den Gegner so hoch, daß er sich bewußt darauf einstellen kann und eine der antizipierten Reaktion entsprechende Technik anbringt *(O-Uchi-Gari)*.

Das Problem der Übungsauswahl und Übungsgestaltung besteht also darin, einerseits flüssige, schnelle, stabile Bewegungsabläufe zu sichern, andererseits *Stabilität* nicht auf Kosten von *Flexibilität* zu erzeugen. In der heutigen Trainingspraxis hat es zumindest den Anschein, daß dieses Problem dadurch umgangen wird, daß die Risiken der Inflexibilität durch Steigerung physischer Kraft niedrig gehalten werden. Sofern es möglich ist, den Gegner mittels überlegener Kraft zu kontrollieren, ist eine stabile, aber dennoch auf situative Umstände hin flexibel gestaltbare Technik verzichtbar. In dem Maße, in dem das *energetische* Moment über das *informative* dominiert, bedarf es nur noch einiger starr ablaufender Programme, da mittels Kraft das Ausmaß möglicher Situationsvielfalt auf ein Minimum reduziert wird. Die Verselbständigung des Griffkampfes und das «Mattengeschiebe» sind ebenso unattraktive Folgen solcher Orientierung wie die technische Verarmung der Sportart.

Wenn das oben genannte Problem ernst genommen wird, dann ergeben sich Anforderungen an die Methode des *Uchi-Komi*. Gemäß dem Grundsatz, daß Üben ein «Wiederholen ohne Wiederholung» (BERNSTEIN 1975, 131) ist, kommt der *bewußten Variation* und *aufmerksamen Erfassung von Unterschieden* von Wurfansätzen mehr Bedeutung zu als der gewollten Kopie einer Bewegung durch die nachfolgende.

Üben meint das wiederholte bewußte Lösen der Bewegungsaufgabe, in der jede Wiederholung auf einem veränderten Ausgangsniveau erfolgt. Ohne die Verarbeitung von Information, d. h. Differenzen im Lösungsprozeß, ist ein Lernen im Üben kaum mehr möglich. Deshalb ist auch allein die Anzahl der Wiederholungen kein hinreichender Garant für die Effektivität des Übens (vgl. PÖHLMANN 1986, 132 f).

Verbinden Sie mit dem *Uchi-Komi* Gegensatzerfahrungen (vgl. HOTZ 1986, 78 f). Variieren Sie

- die Ausführungsform: Lassen Sie den Gesamtablauf schnell und langsam ausführen. Variieren Sie die Dynamik einzelner Phasen der Bewegung. Versuchen Sie, unterschiedliche Bewegungsrhythmen sprachlich wiedergeben zu lassen;

- die Bedingungen der Aufmerksamkeit: Lassen Sie mit verbundenen oder geschlossenen Augen ansetzen. Lenken Sie die Aufmerksamkeit auf kinästhetische oder taktile Bewegungsrückmeldung. Verdeutlichen Sie die Grenzen der visuellen Kontrolle.

- die Kontextbedingungen: Wechseln Sie die Partner. Wie muß ich ansetzen, wenn der Partner lang oder klein, schwer oder leicht ist, wenn er links oder rechts herumgeht, wenn er aufrecht oder abgebeugt steht, wenn er zieht oder schiebt? Lassen Sie die unterschiedlichen Empfindungen beschreiben, vielleicht sogar aufschreiben.

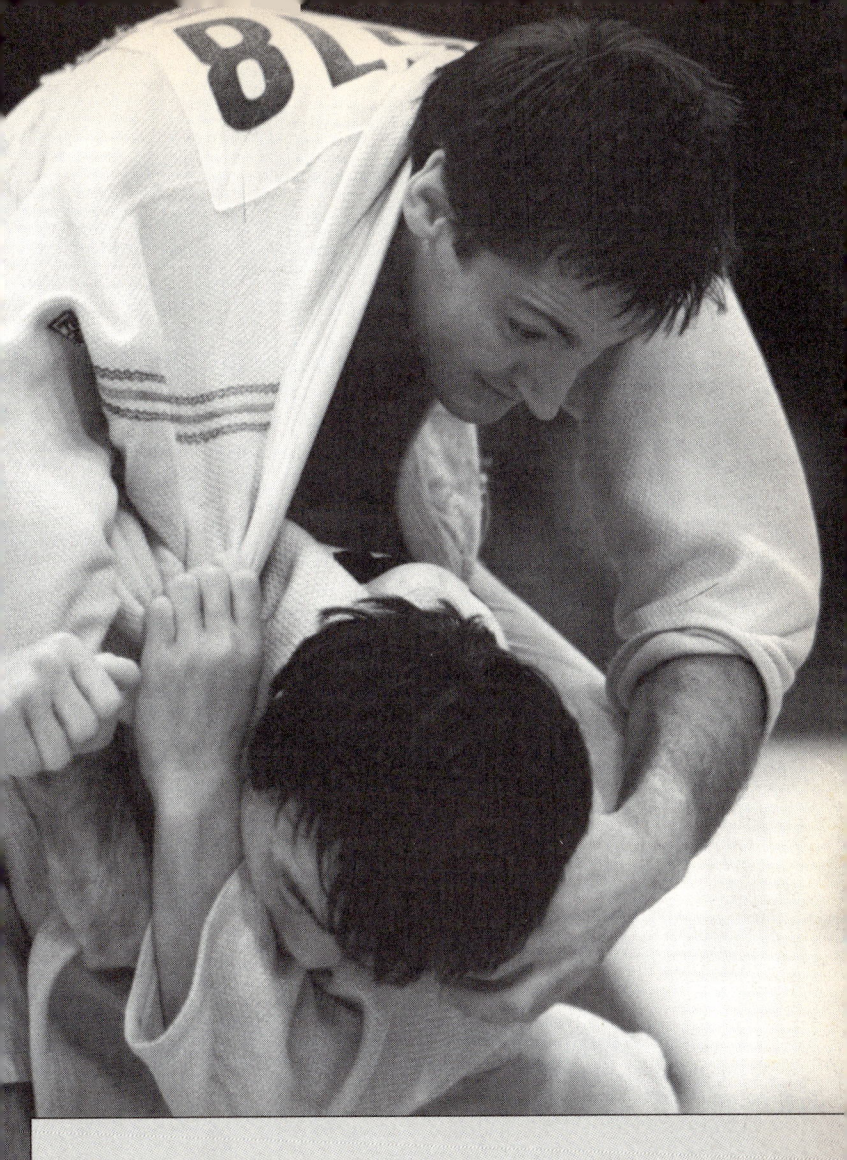

Werfen nach Prinzipien
lehren und lernen

Werfen als Einheit von Denken, Wahrnehmen, Wollen und Machen

Warum soll in diesem Kapitel zwischen einem Wurf einerseits und Werfen andererseits unterschieden werden? Würfe sind Bewegungsfertigkeiten, es sind Produkte eines Lern- und Übungsprozesses, die eine gewisse Abgeschlossenheit besitzen und als «fertige» Elemente in übergreifenden Aufgabenzusammenhängen Verwendung finden. Die Verfügungsgewalt über Fertigkeiten ist nicht schon von vornherein mit ihrem Erlernen angeeignet. Über eine Fertigkeit in wechselnden Situationen verfügen zu können, muß selbst noch erlernt werden. Im Judo stellt sich das Problem der Verfügung derart, daß der Gegner nicht stillsteht, sondern sich mit unterschiedlicher Geschwindigkeit in wechselnde Richtungen bei variierender Distanz bewegt. Wer den Gegner werfen will, muß deshalb den richtigen Moment des Wurfansatzes treffen. Das Erlernen des Erkennens des richtigen Moments ist ebenso wichtig wie das Erlernen der Fertigkeit, die dann angebracht wird. Was ist der richtige Moment? Wie lernt man, ihn zu erkennen und zu nutzen?
Im folgenden werden sechs Merksätze vorgestellt, die Sie in die Problematik des Werfens einführen und begründen, warum es in diesem Kapitel auch um Trainingsmethoden geht, die vornehmlich Ihr *Wahrnehmungs-* und *Entscheidungsvermögen* betreffen.

1. Der richtige Moment hat etwas mit der Art und Weise zu tun, wie der Gegner sich bewegt, wie er geht, wie er steht, greift, welche Distanz er einnimmt etc. Sie müssen den Gegner entsprechend beobachten: Geht er seitwärts über Kreuz? Läuft er mit, wenn Sie laufen? Steht er eng- oder breitbeinig? Den richtigen Moment erkennen zu lernen setzt voraus, den Gegner beobachten zu lernen. Die Beobachtung der Bewegungen des Gegners ist nicht beliebig. Sie hat etwas mit den Würfen zu tun, die Sie können und anzuwenden versuchen. Die Beobachtung geschieht vor dem Hintergrund, daß Sie ein bestimmtes Ziel verfolgen (Trefferoptimierung), und nach einem Plan (Würfe), mit dem Sie das Ziel zu erreichen versuchen. Ob Sie den Partner daraufhin beobachten, wie Sie einen Fußfeger anbringen oder daraufhin, wie Sie einen Schulterwurf ansetzen, läßt Sie auf gänzlich Unterschiedliches achten.

▼ Merke: *Den richtigen Moment erkennen zu lernen, heißt, die hand-*
▼ *lungsrelevanten Merkmale einer Situation gemäß meiner Absicht und*
▼ *meinem Können auswählen zu lernen.*

2. Der richtige Moment tritt nicht plötzlich ein, sondern wird vorhergesehen. Welche Beobachtung an den Bewegungen des Gegners für Sie handlungsrelevant ist, hängt davon ab, was Sie planen. Sie haben eine Beobachtungserwartung. Sie erwarten beispielsweise, daß der Gegner einmal über Kreuz gehen wird und fegen deshalb im richtigen Moment seinen Fuß. Die Wenn-Dann-Verbindung, «Wenn Überkreuzgehen, dann Fußfegen», ist nur dann erfolgreich, wenn Ihr Eintreten vorweggenommen wird. Dies bedeutet nicht, daß der Gegner ohne Ihre Erwartung nicht über Kreuz geht. Es heißt nur, daß Sie möglicherweise erst re-agieren, wenn die Chance vertan ist. Wenn Sie die Chance erkannt haben, können Sie antizipieren, daß sie sich wiederholt. Sie stellen sich auf das Vorweggenommene ein.

▼
▼ Merke: *Den richtigen Moment erkennen zu lernen, heißt, handlungsrelevante Wenn-Dann-Verbindungen vorwegzunehmen.*

3. Der richtige Moment tritt nicht plötzlich ein, sondern wird gesucht. Es ist durchaus möglich und wahrscheinlich, daß Ihre Beobachtungserwartung enttäuscht wird. Der erfahrene Gegner geht nicht über Kreuz. Sie können nun bis zum Ende der Kampfzeit hoffnungsvoll warten, daß Ihre Erwartung sich vielleicht doch noch erfüllt. Sie können versuchen, das, was nicht von selbst eintritt, zu provozieren. Sie können aber auch Ihre Beobachtungserwartung aufgeben und prüfen, ob Sie in Ihrem Repertoire an Fertigkeiten solche haben, die zu der Art und Weise passen, wie Ihr Gegner sich bewegt. Sie strukturieren dann Ihre Absichten und Mittel nach Maßgabe der Umstände um. Dies gelingt, weil Sie zugleich einen Wissensschatz an Wenn-Dann-Verbindungen aktivieren, um zu prüfen, ob Sie ein Signal im Bewegen des Partners regelmäßig wiederentdecken, das auf eine solche Verbindung paßt.

▼
▼ Merke: *Den richtigen Moment erkennen zu lernen, heißt, gedankliche*
▼ *Beweglichkeit zu erlernen. Der richtige Moment wird gedanklich gesucht und konstruiert.*

4. Der richtige Moment vergeht, wenn Sie sich nicht entscheiden können. Sollen Sie den Fuß wirklich fegen, oder sollen Sie sich besser gleich auf eine Folgetechnik konzentrieren? Denn Sie wissen, daß Ihr Gegner weiß, daß Sie fegen, wenn er über Kreuz geht. Deshalb wird er seinen Fuß wegziehen. Sie können nicht lange abwägen. Sie stehen unter Zeitdruck, denn gleich geht Ihr Gegner nicht mehr über Kreuz.

▼
▼ Merke: *Den richtigen Moment nutzen zu lernen, heißt, zu lernen, sich unter Zeitdruck zu entscheiden.*

5. Der richtige Moment vergeht, wenn Sie sich nicht entschließen können. Haben Sie ein ähnliches Gespräch wie das folgende schon einmal
mit sich selbst geführt? «Geht mein Gegner absichtlich über Kreuz, weil
er mich provozieren möchte? Will er mich in einen Konter laufen lassen?
Ich weiß es nicht genau, aber ich habe Angst, in eine Falle zu geraten.
Andererseits kann ich ein Fegen andeuten, um zu sehen, wie er reagiert.
Aber vielleicht warne ich ihn dadurch überhaupt erst und zeigte ihm
auch noch, daß er über Kreuz geht. Ich kann mich einfach nicht entschließen.»
Es ist um so schwerer, sich zu entschließen, je weniger das Risiko der Handlung abzuschätzen ist. Vermeiden Sie riskante Situationen? Riskieren Sie
manchmal zuviel?

▼   Merke: *Den richtigen Moment nutzen zu lernen, heißt, sich in Anbe-*
▼   *tracht von unvermeidbaren Risiken entschließen zu lernen, ohne Mut in*
▼   *Übermut und Vorsicht in Ängstlichkeit umschlagen zu lassen.*

6. Der richtige Moment ist auch der Moment des anderen. Sie sind beim
Abwägen der Situation selbst über Kreuz gegangen. Darum hat Ihr Gegner Sie gefegt.

▼   Merke: *Den richtigen Moment erkennen zu lernen, heißt auch, sich aus*
▼   *der Perspektive des anderen sehen zu lernen.*

Handlungssteuerung im Judo

Die Betrachtungen zum «richtigen Moment» verdeutlichen die Grundauf-
fassung über die Steuerung des Handelns im Judo, die hier vertreten wird.
Werfen wird als ein komplexer Prozeß gedeutet, in dem neben der Aus-
führungskomponente vielschichtige Denk-, Wahrnehmungs- und Bewer-
tungsprozesse eine Rolle spielen. (Vgl. zur handlungstheoretischen Position PÖHLMANN 1986; HOTZ 1986.) Kenntnisse bestimmen das Handeln
ebenso wie Aufmerksamkeit und Zuversicht.

Kenntnisse: Im Kampfverlauf steht der Judoka in einem Prozeß ständig
wechselnder Situationen, der eine Informationsflut enthält, die ohne Re-
duktion nicht zu verarbeiten ist. Der Wettkämpfer muß deshalb Kenntnisse über handlungsrelevante Signale besitzen, um nicht auf alles irgendwie, sondern auf bestimmtes gezielt zu reagieren. Er muß Signale oder
Signalkonstellationen, die er wiederkehrend beobachtet, mit handlungsrelevanten Eigenschaften der Situation so verknüpfen, daß er sich schnell
und effektiv darüber orientieren kann,

● was als nächstes passiert: Signale zeigen ein Ereignis an, das mit gewisser Wahrscheinlichkeit eintritt. Wenn jemand über Kreuz geht, dann ist die Wahrscheinlichkeit, daß der Gegner als nächstes fegt, recht hoch. Das eigene Bewegen enthält ein Signal, das vorhersagen läßt, was der Gegner machen wird. Für solche Vorhersagen spielen wiederum Kenntnisse über das, was der Gegner kann, was er meidet oder bevorzugt, eine große Rolle.

● was zu tun ist: Wenn der Sportler um die Wenn-Dann-Bedeutung bestimmter Signale weiß, so kann er sie mit passenden Bewegungsprogrammen verknüpfen. Dazu muß er wissen, was er selbst kann: Welche Fertigkeiten beherrsche ich? Wie schnell bin ich? Welche Alternativen habe ich?

Aufmerksamkeit: Im Kampfverlauf muß der Judoka einerseits seine Aufmerksamkeit auf das Auftreten der Signale richten, die für seine Planung handlungsrelevant sind (*konzentrative* Aufmerksamkeit). Er muß andererseits seine Aufmerksamkeit verteilen, um Signale nicht zu übersehen, die Handlungsalternativen nahelegen, und um Signale mitzuerfassen, die für den Gegner relevant sind (*distributive* Aufmerksamkeit). So richtet sich die Aufmerksamkeit nicht auf das Gegnerverhalten, sondern auch auf das eigene Bewegen. Welche Möglichkeiten bietet es dem anderen? Die Fähigkeit zu konzentrativer und distributiver Aufmerksamkeit ist wiederum von den Kenntnissen abhängig, die der Sportler über sich, seinen Gegner und handlungsrelevante Merkmale einer Situation besitzt.

Zuversicht: Ohne die Zuversicht, die eigene Technik auch erfolgreich anzuwenden, bleiben Entscheidungen ohne Umsetzung. Selbst wenn der Sportler die handlungsrelevanten Signale erfaßt, sie richtig deutet, das dazugehörige Bewegungsprogramm treffend auswählt, so hindert ihn der vorweggenommene Mißerfolg an der entschlossenen Ausführung seiner Planung. Die Überzeugung, erfolgreich zu sein, ist ebenso wichtig für den Entschluß zur Tat wie die Bereitschaft, in nicht eindeutig geklärten Situationen ein Risiko auf sich zu nehmen. Die realistische Einschätzung des Risikos einer Situation hängt wiederum davon ab, ob der Sportler relevante Signale kennt, ob er sie wahrnimmt und wie er sie bewertet. Letzteres spiegelt sich im «Inneren Dialog» des Sportlers wider. Die Art und Weise, wie der Sportler mit sich selbst spricht, welche Selbstbefehle er sich gibt, welche Fragen er stellt, welche Zweifel er formuliert, unterstützt oder hemmt seine Zuversicht und Risikobereitschaft.

Prinzipien des Werfens

Es genügt nicht, sich einen Set von Würfen anzueignen, um erfolgreich werfen zu können. Für letzteres muß der Judoka

● Beobachten lernen: Welche handlungsrelevanten Signale erkenne ich?
● Vorhersehen lernen: Was zeigt dieses Signal an?
● Gedankliche Beweglichkeit lernen: Welche Alternativen habe ich?
● Entscheiden lernen: Welche Möglichkeit wähle ich?
● Entschließen lernen: Welches Risiko gehe ich ein?
● Perspektivübernahme lernen: Wie sieht mich der andere?

Da die Anzahl der zu lernenden Signalkonstellationen recht groß ist, muß sie zunächst klein gehalten werden, will man den Anfänger nicht restlos überfordern. Die folgenden Prinzipien organisieren deshalb die Kenntnisse über Fertigkeiten, den richtigen Moment und die Bedeutung von Signalen, indem sie die Aufmerksamkeit des Lernenden zunächst nur auf den Schritt des Partners lenken. Sie sollen ihm helfen, seinen Set an Fertigkeiten nach übergreifenden Gesichtspunkten zu ordnen und zwischen gleichwertigen Fertigkeiten auszuwählen, um sie dem Bewegungsverhalten des Partners passend zuzuweisen.

Den hier vorgestellten Prinzipien immanent ist das im Judo so wichtige Prinzip des «Siegens durch Nachgeben», d. m. das Nutzen des gegnerischen Zugs oder Drucks für eine gleichgerichtete Angriffs- oder Abwehrreaktion.

In jeder Übungsform werden drei Schritte eingehalten:

1. Der Judoka beobachtet das Verhalten des Partners und versucht, Regelmäßigkeiten zu entdecken und zu beschreiben.
2. Er verknüpft seine Beobachtung mit einer geeigneten Technik.
3. Er übt, im wechselhaften Bewegungsverhalten des Partners die Merkmale zu erkennen und vorherzusehen, die für ihn handlungsrelevant sind.

Prinzip: Den Schritt des Gegners verlängern

▽ Wenn ich erkenne,
▽ daß der Gegner rhythmisch
▽ seitwärts läuft,
▽ daß der Gegner an mir
▽ vorbeiläuft,
▽ daß der Gegner über Kreuz
▽ geht,
▽ dann verlängere ich seinen
▽ Schritt.

Beispiel De-Ashi-Barai

Vorbereitung: Greifen Sie mit rechts den rechten Arm des Gegners und ziehen Sie ihn mit einem Ruck in einen Vorwärtsschritt, während Sie zugleich mit links auf seinen Rücken greifen. (Abb. oben)

Hauptphase: Verlängern Sie den Schritt des Gegners, indem Sie ihn weiter an sich vorbei und im Fegen mit dem linken Bein nach unten ziehen. (Abb. unten)

Anschluß: Juji-Gatame (vgl. Seite 123)

Beispiel Ko-Uchi-Maki-Komi

Vorbereitung:
Reißen Sie den Gegner dynamisch
an.

Grätschen Sie weit zwischen seine
Beine und schaffen Sie engen
Kontakt, indem Sie mit rechts
über die Hüfte auf den rechten
Oberschenkel des Gegners grei-
fen.

Hauptphase: Verlängern Sie den Schritt des Gegners mit einer Sichelbewegung des rechten Beins. Strecken Sie dabei Ihr linkes Bein explosiv gegen Ihren Gegner. Geben Sie Ihr Gleichgewicht auf.

Anschluß: Position zwischen den Beinen des Gegners (vgl. Seite 127)

Prinzip: Den Schritt des Gegners blockieren

- Wenn ich erkenne,
- daß der Gegner engbeinig geht,
- daß der Gegner das linke Bein vorstellt,
- dann blockiere ich seinen Schritt.

Beispiel Ashi-Guruma

Vorbereitung: Drehen Sie sich über Ihren linken Fuß ein und springen Sie vor Ihren Gegner.

Hauptphase: Verhindern Sie den Versuch des Gegners, durch einen Ausfallschritt rechts sein Gleichgewicht zu stabilisieren, indem Sie den Schritt mit Ihrem rechten Bein blockieren. Führen Sie die Kreisbewegung Ihres Körpers weiter und werfen Sie Ihren Gegner über Ihr rechtes Bein.

Anschluß: Juji-Gatame
(Vgl. Seite 123)

Beispiel Sasae-Tsuri-Komi-Ashi

Vorbereitung: Springen Sie in das Zentrum eines imaginären Kreises, auf dessen Peripherie Ihr Gegner steht.

Hauptphase: Ziehen Sie Ihren Gegner in die Kreisbewegung nach vorne oben, und blockieren Sie sein rechtes Bein in Höhe des Knöchels.

Anschluß: Juji-Gatame
(Vgl. Seite 123)

Prinzip: Den Schritt des Gegners verstärken

- Wenn ich erkenne,
- daß der Gegner sich betont auf ein Bein stellt,
- dann verstärke ich den Schritt auf dieses Bein.

Beispiel Hidari-O-Soto-Gari

Vorbereitung: Reißen Sie Ihren Gegner dynamisch an. Drücken Sie ihn auf sein linkes Bein und steigen Sie von «außen-oben» mit Ihrem linken Bein in seine Kniekehle ein.

Hauptphase: Drücken Sie Ihren Gegner über Ihr linkes sichelndes Bein kraftvoll nach hinten auf den Rücken.

Anschluß: Kesa-Gatame
(Vgl. Seite 119)

Beispiel O-Uchi-Gari

Vorbereitung: Schieben Sie das Revers des Gegners über seine Schulter und ziehen Sie es «peitschenartig» nach unten. Spüren Sie den Moment der Spannung, wenn Sie den Gegner auf seinem rechten Bein fixieren. Ihr Gewicht ruht jetzt noch auf Ihrem rechten Fuß. Pendeln Sie mit einem kleinen Schritt auf Ihren linken Fuß zurück.

Schulter/Armkontrolle

Hauptphase: Drücken Sie sich von diesem explosiv gegen Ihren Gegner ab, während Sie zugleich rechts innen sein Standbein sicheln. Geben Sie Ihr eigenes Gleichgewicht auf.

Anschluß: Position zwischen den Beinen des Gegners
(Vgl. Seite 127)

Prinzip: Den Schritt des Gegners unterlaufen

- Wenn ich erkenne,
- daß der Gegner um mich herum läuft,
- daß er sich dabei auf mich zu bewegt,
- dann unterlaufe ich seinen Schritt.

Beispiel Ippon-Seoi-Nage

Vorbereitung: Greifen Sie links zuerst das Revers Ihres Gegners. Fassen Sie mit rechts Ihr eigenes Revers, so daß Ihr Gegner energisch auf Sie zukommen muß, um selber greifen zu können. Verführen Sie Ihren Gegner dadurch, daß Sie sich nach rechts bewegen, dazu, daß er aus Ihrer Sicht rechts um Sie herum läuft.

Vorderansicht   *Rückenansicht*

Lösen Sie Ihren Griff von Ihrem rechten Revers und unterlaufen Sie den Schritt des Gegners, indem Sie sich tief in die Grundposition eindrehen. Da der Gegner sich auf sie zubewegt, haben Sie dabei das Gefühl, daß er auf Ihre Hüfte «aufsteigt».

Hauptphase: Stellen Sie engen Kontakt mit Ihrem rechten Arm her.
Vollziehen Sie Beinstreckung und Beugedrehung des Oberkörpers.

Anschluß: Juji-Gatame
(Vgl. Seite 123)

Beispiel Tsuri-Komi-Goshi

Vorbereitung: Fassen Sie rechts das Revers Ihres Gegners, und ziehen Sie ihn mit einer Angelbewegung in einen Schritt rechts seitwärts. Unterlaufen Sie seinen Schritt mit einer tiefen Eindrehbewegung.

Hauptphase: Vollziehen Sie die Beinstreckung und
Beugedrehung des Oberkörpers.

Anschluß: Juji-Gatame
(Vgl. Seite 123)

Verfügungsgewalt erhöhen:
Ideomotorisches Training

Unter dem Begriff «Ideomotorisches Training» werden solche Trainingsformen zusammengefaßt, die mittels intensivem Vorstellen, Durchdenken und Beschreiben einer Bewegungshandlung deren Koordination und situative Verfügbarkeit erleichtern und trainieren. Die folgenden Übungsformen zum 1. Signalerkennen, 2. dem mentalen Durchdringen der Aufgabe und 3. der Als-ob-Visualisierung orientieren sich an den Grundprogrammen von Syer/Connolly (1987) und Pöhlmann (1986). Sie sind unterbrochen von Vorschlägen zum aktiven Üben, da davon auszugehen ist, daß eine Verbindung von *kognitivem* und *aktionalem* Training den größten Trainingserfolg verspricht.

Signale erkennen

Das folgende Grundprogramm umfaßt vier Schritte:
1. Verdeutlichen Sie Ihren Schülern die Handlungsrelevanz von Signalen und Wenn-dann-Verbindungen anhand einfacher Beispiele. Betonen Sie die Bedeutung des richtigen Moments und des Bewegungstimings (vgl. S. 70 f).
2. Führen Sie einfache Wenn-dann-Verbindungen (Wenn Überkreuzgehen, dann Fegen) mehrmals vor. Geben Sie die Beobachtungsaufgabe, zu erkennen, welche motorische Handlung auf welches Signal wiederkehrend folgt. Lassen Sie laut die Wenn-dann-Verbindung beschreiben und suchen Sie einen kurzen Selbstbefehl («Feg!»), der mit Auftreten des Signals gegeben werden kann.
3. Zeigen Sie die Verbindung noch einmal. Führen Sie den Wurf in den folgenden Versuchen aber erst dann aus, wenn die Beobachter das auslösende Signal erkannt haben und Ihnen laut den Selbstbefehl zurufen.
4. Anschließend üben Ihre Schüler aktiv die Verbindung. Dies geschieht zunächst nach Absprache. Dann soll der Signalisierende sich zunehmend freier bewegen und regelmäßig wiederkehrend das Verhalten zeigen, auf das sein Partner mit einem Wurf antworten soll. Achten Sie darauf, daß Ihre Schüler sich anfangs weiterhin den Selbstbefehl laut geben.

Sie können dies Programm variieren und steigern:
1. Führen Sie mehrere Wenn-dann-Verbindungen ein und kombinieren Sie sie. Die Signalgeber können beispielsweise abwechselnd schieben, hinken, über Kreuz gehen und in großen Schritten um den Partner laufen. Dieser hat auf Regelmäßigkeiten in der Reihenfolge der Bewegungswei-

sen zu achten und muß vorhersagen, was auf das Schieben folgt oder wann der Partner hinken wird.

2. Führen Sie andere anzeigende Signale ein. Verdeutlichen Sie, was bestimmte Griffe anzeigen.

3. Steigern Sie die Anforderung an die Aufmerksamkeit. Der Sportler soll einerseits anzeigendes und auslösendes Signal einer Wenn-dann-Verbindung realisieren, andererseits soll er vermeiden, daß der Signalgeber ihm auf die Füße tritt (oder z. B. ihm eine Wäscheklammer abreißt, die an seiner Jacke hängt, oder er soll einen Text vorlesen, der an der Jacke seines Partners befestigt ist, oder...).

4. Nehmen Sie eine Position ein, die Ihrem Schüler unbekannt ist (Rechtsgriff-Linksstellung). Ihr Schüler soll laut denken und beschreiben

1. was er sieht,
2. was er versuchen könnte,
3. was Sie versuchen könnten.

Mentales Durchdringen der Aufgabe

Die Aufgabe ist Ihnen bekannt: Wenn der Gegner über Kreuz geht, dann sollen Sie ihn fegen. Sie haben die Aufgabe im vorigen Programm kennengelernt und Lösungserfahrungen gesammelt. Jetzt sollen Sie die Aufgabe im Geiste bewältigen.

Suchen Sie sich dazu einen Ort, an dem Sie nicht durch Lärm oder anderes gestört werden. Setzen Sie sich bequem hin und entspannen Sie sich. Greifen Sie dazu beispielsweise auf die Übung zurück, die auf Seite 42/43 beschrieben wurde. Versetzen Sie sich nun auf die Judomatte und stellen Sie sich die Hallenszene so genau wie möglich vor. Hat die Matte eine Plane oder nicht? Wie groß ist sie? Ist die Sicherheitsumrandung gekennzeichnet? Befinden sich Zuschauer in der Halle? Ist die Halle vom Tageslicht oder von Kunstlicht erleuchtet? Sind Sie allein auf der Matte oder befinden sich auch noch andere dort? Verwenden Sie alle Sinne, um die Szene auszumalen. Ist es kalt? Wie ist die Luft? Stickig oder frisch? Federt der Boden unter Ihren Füßen? Fühlt sich die Matte hart oder weich an?

Beginnen Sie nun mit dem Training: Sie sehen sich mit Ihrem Partner die Wenn-dann-Verbindung üben. Schauen Sie sich zu, wie Sie sie perfekt ausführen. Achten Sie auf alle Einzelheiten: Wie greifen Sie, wie greift Ihr Partner? Wie schnell sind Sie? Wie halten Sie Ihr Gleichgewicht? Wann sind Sie entspannt, wann völlig angespannt? Wohin schauen Sie vor, nach und während der Aktion? Wiederholen Sie die Übung nach einer unterbrechenden Entspannungsphase. Aber nehmen Sie nun im Geiste verschiedene Beobachterpositionen ein. Gehen Sie nahe heran. Wechseln Sie die Mattenseite. Gehen Sie jetzt auf Distanz. Schauen Sie einmal aus dem Liegen.

Im folgenden rufen Sie als Beobachter sich selbst die Schlüsselbefehle zu. Beobachten Sie, ob Sie sie sofort umsetzen oder ob Sie etwas hemmt. Wenn ja, dann prüfen Sie, woran es liegt. War der Moment falsch gewählt? Gelingt der Wurf in einer Phase nicht? Wiederholen Sie und verändern Sie im Geiste Ihr Verhalten. Gelingt Ihnen keine Verbesserung, dann ersetzen Sie den Wurf durch einen anderen. Entspannen Sie sich, und setzen Sie die Visualisierung dann fort, wenn Sie nicht den Drang verspüren, das Vorgestellte sofort aktiv üben zu wollen. Geben Sie dem Drang nach, falls er da ist.

Kehren Sie im Geiste auf die Matte zurück und konzentrieren Sie sich auf den Griff Ihrer rechten Hand. Sie werden feststellen, daß Sie sich in die visualisierte Person hineinversetzt haben. Ihr Blickfeld ist eingeschränkt. Schauen Sie auf die Füße Ihres Partners? Oder schauen Sie auf Ihre rechte Hand? Hält Sie eine dicke oder dünne Jacke? Fühlen Sie sich kalt oder verschwitzt? Schauen Sie einmal auf Ihre linke Hand. Verändert sich etwas? Drehen Sie sich? Richten Sie sich auf? Beginnen Sie das Programm von neuem. Spüren Sie die Bewegungen Ihres Partners und achten Sie auf den richtigen Moment. Fühlen Sie, wie Sie Ihren Partner perfekt werfen. Genießen Sie, wie gut es sich anfühlt, wenn Sie mühelos seinen Schritt blockieren, unterlaufen, verlängern oder verstärken.

Wiederholen Sie nun aktiv das Programm Signalerkennen. Entdecken Sie das gute Gefühl wieder?

Als-ob-Visualisierung

Hatten Sie Schwierigkeiten, Ihre Selbstbefehle umzusetzen? Stimmt etwas in Ihrer Bewegung noch nicht? Konnten Sie nicht herausfinden, woran es lag?

Vielleicht hilft Ihnen die folgende Übung: Stellen Sie sich einen Judoka vor, der das, was Sie an sich verbessern möchten, sehr gut beherrscht. Er sollte Ihrer Gewichtsklasse und Körpergröße entsprechen und von Ihrem Stil nicht allzuweit abweichen.

Visualisieren Sie Ihr Vorbild in der obigen Szene. Beobachten Sie die Dynamik und den Rhythmus seiner Bewegungen. Handelt er aggressiver oder bedachter als Sie? Wartet er, wo sie schon handeln? Oder handelt er, wo Sie noch warten? Betont er seine Bewegungen anders? Ist die Distanz zum Partner groß oder klein?

Konzentrieren Sie sich auf seinen Griff und stellen Sie sich vor, Sie schlüpfen in ihn hinein. Wie fühlt es sich an, dynamisch zu sein? Wie fühlt sich der perfekt getimte Wurf an? Nehmen Sie das Gefühl in sich auf. Bewah-

ren Sie es. Schlüpfen Sie noch einmal in Ihr Vorbild. Versuchen Sie mit
jedem Mal, sich perfekter in ihm mitzubewegen.

Ergänzen Sie diese Übung durch aktives Training. Führen Sie Übungs-
wettkämpfe durch, in denen Sie so kämpfen, als ob Sie Ihr Vorbild seien.
Imitieren Sie dessen Dynamik. Welche Wenn-dann-Verbindungen ergeben sich? Versuchen Sie die bevorzugten Würfe ihres Vorbilds, auch wenn
Sie sie nicht sicher beherrschen. Achten Sie auf die Reaktionen des Gegners. Was ist anders? Spüren Sie dem Erfolgsgeheimnis Ihres Vorbildes
nach.

Bitten Sie einen Partner, der Ihre Eigenarten kennt, Sie zu imitieren.
Kämpfen Sie einmal «gegen sich selbst». Imitieren Sie dabei Ihr Vorbild.
Erkennen Sie Ihre eigenen Signale?

Nehmen Sie an einem Mannschaftskampf teil. Aufgabe: Jedes Mitglied
der eigenen Mannschaft imitiert ein Mitglied der Gegenmannschaft und
umgekehrt. Es wird nicht bekannt gegeben, wer wen imitiert. Haben Sie
erkannt, wer Sie imitiert hat? Erkennt sich die Person wieder, die Sie
imitiert haben? Sprechen Sie miteinander.

Kommen Sie mit einem Gegner nicht zurecht? Versuchen Sie doch einmal
aggressiv zu sein, wie..., oder geschmeidig zu sein, wie...

Kämpfen in Grundsituationen lehren und lernen

Zweikampf

Zweikampf heißt, zielgerichtet, explosiv und überraschend zu handeln. Der Gegner kommt nicht zu seinem Stil, er ist überfordert.

Zweikampf heißt, den Gegner so intensiv unter Druck zu setzen, ihn durch ständige gefährliche Aktionen so konditionell zu fordern, daß er aus Erschöpfung Fehler begeht.

Zweikampf heißt, den Gegner durch das eigene Auftreten mit soviel Zuversicht zu konfrontieren, daß er nicht mehr in der Lage ist, ungehemmt sein ganzes Können zu mobilisieren.

Zweikampf: Die Schwächen des Gegners suchen. Sich belauern. Den Gegner in Nachteil bringen, einschüchtern, verwirren. Ihm den eigenen Kampfstil aufzwingen. Den kleinen Vorteil über die letzten Sekunden des Kampfes bringen. Den Kampf im letzten Moment herumreißen.

Wettkampfführung ist nicht nur eine Sache der Motorik und der Wahrnehmung, sondern auch eine Sache des Denkens und des Wollens. Deshalb sind viele Wettkämpfe schon verloren, bevor der Kämpfer die Matte betritt. Er verfügt über keine geistige Wettkampfführung, verschießt panisch sein Pulver in den Anfangsminuten, um dann hilflos nicht mehr weiter zu wissen, wenn er keinen Treffer landet.

Zweikampfführung bedeutet

- einen Plan zu besitzen, der es erlaubt, die eigenen Stärken bewußt ins Spiel zu bringen;
- über eine Kondition zu verfügen, die es erlaubt, ständig auf den Gegner Druck auszuüben;
- Zuversicht zu haben, die es erlaubt, den eigenen Siegesanspruch im Auftreten auszudrücken.

Zwei gleichwertige Gegner, die mit Plan, konditionsstark und zuversichtlich aufeinandertreffen, sind in der Lage, einen Wettkampf zu führen, der in gegenseitiger Herausforderung erfolgt (hierzu und zum folgenden vgl. KNUPP 1989, 111 ff). Kämpfen zu lernen verlangt nichts anderes, als diese Herausforderungshaltung zu erwerben, um eine Zweikampflage herzustellen.

Die *Zweikampflage* ist durch die Herausforderungshaltung der Kämpfer bestimmt. Sie bringen alle Kräfte in den Wettkampf ein, um den Gegner im Rahmen des Regelwerks zu besiegen. Sie verschenken keinen Vorteil. Sie geben bis zur letzten Sekunde nicht auf. Sie mobilisieren alle Stärken und nutzen Wettkampfpausen, um das eigene Verhalten zu analysieren. Sie sehen den Gegner als Herausforderung, der sie sich mit zuversichtlicher, gelassener und gespannter Erwartung stellen.

Von der Zweikampflage unterscheidet sich die *Abtauschlage*. Die Kämpfer führen den Kampf in Form eines Schlagabtausches, der mit großem körperlichen Einsatz geführt wird. Es fehlt den Kontrahenten jedoch an Fähigkeiten, das Gegnerverhalten zu analysieren und den Gegner psychisch zu beeinflussen. Programme werden stereotyp, allenfalls mit mehr Krafteinsatz, wiederholt. Fehler werden nicht erkannt. Bei Erfolglosigkeit folgen auf kurzfristige Wutanfälle schnelle Zusammenbrüche.

Von der Zweikampf- und Abtauschlage ist die *Plänkellage* zu unterscheiden. Die Wettkämpfer mobilisieren keinen Siegeswillen, allenfalls wollen sie eine vorzeitige Niederlage vermeiden. Der Kampf wird ängstlich oder mit Siegerposen begonnen, auf die dann keine Aktionen folgen. Beide schleppen sich über die Zeit, im stillen Einvernehmen, nichts zu riskieren.

Lernen zu kämpfen bedeutet, die Zweikampflage herzustellen.

Dazu gehört, daß Sie:

→ *den Gegner herausfordern:*
  Sie fühlen sich nicht vom Gegner bedroht, sondern Sie sehen eine Chance, an ihm das eigene Leistungsvermögen zu mobilisieren und zu erproben. Sie wollen das Gefühl des Triumphs und werden deshalb alles geben, um zu gewinnen. Ein Gegner, der weiß, daß Sie ihn herausfordern, wird sich auf einen schweren Kampf gefaßt machen, auch wenn er stärker ist als Sie. Ein Gegner, der weiß, daß Sie sich durch ihn bedroht fühlen, wird Ihnen einen schweren Kampf machen, auch wenn er schwächer ist als Sie.
  Um herausfordern zu können, müssen Sie zunächst auf den Wettkampf «heiß» sein. Nehmen Sie Ihre anfängliche Nervosität als normale Empfindung, die Sie brauchen, um in die Herausforderungshaltung zu gelangen. Wärmen Sie sich gründlich auf. Suchen Sie sich einen Partner, und üben Sie Ihre standardisierten Wenn-dann-Verbindungen (vgl. S. 71). Führen Sie einige kurze Kämpfe über 30 Sekunden durch. Plänkeln Sie nicht mit Ihrem Partner. Er könnte Ihr nächster Gegner sein. Ziehen Sie sich warm an, und setzen Sie sich in die nächste ruhige Ecke. Visualisieren Sie: Sie sind in gespannter Aktionsbereitschaft. Ihr Gewicht ruht auf den Fußballen. Ihr Körper steht unter Spannung. Ihre Arme sind für den Griffkampf bereit. Mit Betreten der Matte konzentrieren Sie sich nur noch auf Ihren Eröffnungszug. Ihre Wahrnehmung

ist so konzentrativ eingeschränkt, daß Ihnen das Imponiergehabe Ihres
Gegners ebensowenig anhaben kann wie die Anfeuerungsrufe des Pu-
blikums. Sie wissen, was Sie wollen. Sie wollen Ihren Griff. Sie bekommen Ihren Griff. Sie setzen Ihren Gegner unter Druck. Sie spüren seine
Hilflosigkeit. Sie sehen Ihre Gelegenheit voraus. Sie ziehen Ihren Wurf
durch. Wiederholen Sie die Szene. Ihr Selbstvertrauen steigt mit jeder
Wiederholung. Sie haben Lust auf den nächsten Kampf. Ballen Sie die
Faust, öffnen Sie die Augen. Wenden Sie sich dem Mattengeschehen
zu. Sie sind stark genug, Ihren Gegner herauszufordern.

→ *die Herausforderungshaltung gegen Zusammenbrüche abschirmen:*
Plötzlich geht Ihnen die alte Verletzung durch den Kopf, um sich und
anderen zu erklären, warum Sie es nicht geschafft haben. Sie sind dabei, aufzugeben. Ihr Trainer ist an einer anderen Matte. Sie suchen ihn.
Sie wissen ohne ihn nicht weiter. Sie brauchen Hilfe von außen. Ihre
Zuversicht geht verloren. Das Publikum feuert Ihren Gegner an. Sie
werden ärgerlich. Die Kampfrichter sind auch gegen Sie. Sie konzentrieren sich nicht mehr auf Ihren Gegner. Ihr Ärger steigt, weil Ihr
Gegner immer stärker, das Publikum immer lauter und der Kampfrichter immer parteiischer wird. Sie denken nicht mehr aufgabenbezogen,
hadern mit den Umständen, vergessen, Ihre Fehler zu analysieren und
konzentriert ihr Ziel zu verfolgen. Sie sind auf dem besten Weg, den
Kampf zu verlieren.

Wollen Sie verhindern, daß Ihre Herausforderungshaltung zusammenbricht, so müssen Sie sich gegen lähmende Gedanken, störende Umwelteinflüsse und Ärger erzeugende Begleitumstände abschirmen. Nutzen Sie Wettkampfunterbrechungen zu einer kurzen Analyse Ihres Handelns mit Hilfe eines Stichwortes:

S wie *Selbstgespräch:* Wie sprechen Sie zu sich? Suchen Sie schon Entschuldigungen für die Niederlage? Regen Sie sich immer noch über die letzte Entscheidung des Kampfrichters auf? Machen Sie sich wieder Ihre Marschroute deutlich. Setzen Sie sich Kurzzeitziele. Bestärken Sie sich positiv. Sie wissen wieder, was Sie wollen. Gehen Sie zum nächsten Buchstaben.

E wie *Explosion:* Stehen Sie noch auf den Fußballen? Sind Ihre Arme noch in Aktionsbereitschaft? Sind Sie in der Hüfte locker? Pushen Sie sich auf! Ballen Sie die Faust! Explodieren Sie in Ihre Aktionen!

K wie *Konzentration:* Sind Sie in Gedanken beim Trainer, beim Publikum oder schon bei der Entschuldigung nach dem Kampf? Richten Sie Ihre Aufmerksamkeit wieder auf Ihren Gegner! Sehen Sie nur das Revers, das Sie greifen wollen. Konzentrieren Sie sich nur auf den nächsten Moment. Und vergessen Sie nicht:

T wie *Training:* Sie haben gut trainiert. Sie sind in Form. Hier zahlt sich Ihr Training aus. Erinnern Sie sich! Ihr Trainingswissen ist umfassender als das, was Sie aktuell verwirklichen. Was kennen Sie noch? Probieren Sie es aus!

SEKT heißt Ihr Rettungsgetränk, nicht Selters!

Wenn Sie eine Herausforderungshaltung aufgebaut haben; wenn Sie in einem guten konditionellen Trainingszustand sind; wenn Sie werfen können, dann üben Sie, Ihre Wettkampfführung in Unterbrechungspausen auf ihre Effektivität hin zu überprüfen. Benutzen Sie den Code SEKT sowohl für eine Blitzanalyse Ihres Selbstgesprächs, Ihrer Explosivität, Ihrer Konzentration und Ihres Trainingswissens als auch als eine prickelnde Erinnerung daran, daß Sie angetreten sind, um zu gewinnen. Sekt belohnt – Selters löscht nur den Durst.

Aufbau und Erhalt der Herausforderungshaltung ist eine Leistung des Wettkämpfers, die sein Mitdenken, seine Willenskraft und Konzentration fordern. Erfolgreiches Kämpfen wird im wesentlichen durch psychische

Faktoren bestimmt, die in einem Wechselverhältnis mit technischen und konditionellen Faktoren stehen. Mangelnde Kondition wirkt sich auf die Fähigkeit aus, die Herausforderungshaltung aufrechtzuerhalten. Wer mitdenkt, ist in der Lage, sein technisches Repertoire voll auszuschöpfen. Wer technisch einseitig ausgebildet ist, kann unter «T» von SEKT nicht viel finden.

Die folgenden Abschnitte dieses Kapitels zu psychischen, technischen und konditionellen Faktoren der Zweikampfführung sollen Ihnen helfen, sich umfassend in Ihrer Zweikampfführung zu vervollkommnen.

Psychische Faktoren der Zweikampfführung

Mitdenken

Wer als Trainer mehr vollbringen will als das Vermitteln fremdverordneter Inhalte, muß am Selber-Denken und Selber-Machen seiner Schüler interessiert sein. Dazu gehört das selbständige Handeln, die eigene Sicht der Dinge. Dazu gehören Freiheit, Experiment und Interpretation. Training ist nicht dazu da, das Informationsmonopol des Trainers zu sichern. Wie soll der Sportler im Wettkampf in Auseinandersetzung mit dem Gegner schöpferisch, selbständig und verantwortlich handeln, wenn er im Trainingsprozeß nur nachahmt, was für ihn Verantwortliche ohne seine Mitwirkung vorgeben? Ein Judoka, der lediglich Ausführungsorgan seines Trainers ist, wird im Mittelmaß steckenbleiben. Wer nicht unabhängig und auch gegen den Trainer testen, tüfteln, auslegen und entscheiden kann und darf, sollte sich überlegen, ob er schon eigenständig genug ist, auch einen Wettkampf allein zu gewinnen.

Fordern Sie als Trainer Ihre Sportler zur Selbsttätigkeit heraus. Laden Sie zum Training ein! Trauen Sie etwas zu! Muten Sie auch ab und zu etwas zu! Ihre Wettkämpfer müssen lernen, daß sie in schwierigen Situationen im Zweikampf auf sich selbst gestellt sind.

Verschaffen Sie sich als Wettkämpfer Informationen. Lesen Sie unterschiedliche Judolehrbücher, stöbern Sie in Lexika zur Trainingslehre. Machen Sie sich mit Grundgedanken der Bewegungslehre vertraut. Suchen Sie das Gespräch mit Ihrem Trainer über seine Trainingsplanung. Fragen Sie nicht «Was machen wir heute?». Bestimmen Sie darüber mit. Es geht um Ihre Leistungsentwicklung.

10 Übungen zum Mitdenken

1. Lernen Sie, Ihre Handlungsweise zu benennen, und sagen Sie den zu erwartenden Erfolg voraus.
Beispiel: «Dein Gegner versucht, dich an den Mattenrand zu drängen, um dich zur Mattenflucht zu bewegen, die dir eine Bestrafung einbringt. Was gedenkst du dagegen zu unternehmen?»
Beschreiben Sie Ihre Handlungsweise («Ich will sofort die Initiative ergreifen und den Gegner in eine abgebeugte Position zwingen, um ihn so unter Druck zu setzen, daß er nur mit seiner Verteidigung beschäftigt ist»).
Sagen Sie das Ergebnis Ihrer Handlungsweise voraus («Mein Gegner wird sich selbst am Mattenrand wiederfinden»).
Erproben Sie Ihre Strategie in aufgabenorientierten Übungskämpfen mit starken Gegnern. Überprüfen Sie Ihre Erfolge und Mißerfolge, und benennen Sie Ursachen («Er hat sich nicht greifen lassen, und ich bin ihm hinterhergelaufen. Sein Getänzel hat mich ganz nervös gemacht»).
Überlegen Sie, ob Sie Ihre Handlungsweise optimieren («Ich laufe ihm nicht nach, sondern warte in der Mattenmitte auf ihn, bis er zu mir kommt»), oder ob Sie es mit einer anderen Handlungsweise versuchen sollten («Ich werde am Mattenrand um die Innenposition kämpfen»).
Legen Sie sich eine Sammlung entsprechender Übungen an.

2. Überprüfen Sie, ob Sie in der Lage sind, Ihr Kampfverhalten überhaupt gedanklich zu begleiten. Schreiben Sie nach jeder Übung wie oben auf
– ob Sie handlungsrelevante Signale Ihres Gegners registriert haben, aus denen sich «richtige Momente» konstruieren lassen;
– ob Sie den Code SEKT als Hilfsmittel der Selbstanalyse soweit beherrschen, daß Sie resignative Selbstgespräche, mangelnde Aktionsbereitschaft, Unkonzentriertheit oder mangelnde Aktualisierung von Trainingswissen schnell abprüfen können, und bei welchem Buchstaben Sie in Ihrer Selbstanalyse regelmäßig steckenbleiben;
– ob Sie an einer Handlungsweise trotz mehrerer Mißerfolge festhalten. Wann werden Sie ärgerlich und versuchen, sie mit

Gewalt durchzusetzen? Könnten Sie sich vorstellen, die Handlungsweise durch eine andere zu ersetzen?

3. Versuchen Sie, eine Rangliste von Übungen aufzustellen, die den Grad der Beliebtheit wiedergibt, mit der Sie die Übungen vollziehen. Üben Sie lieber, was Sie schon können? Ziehen Sie realistische Konsequenzen für Ihre Trainingsplanung.

4. Stellen Sie fest, ob Sie gegen starke Gegner in der Phase des Griff-, Positions- oder Gleichgewichtskampfes (vgl. S. 111 ff) in Nachteil geraten. Bitten Sie einen Mitsportler, Sie zu beobachten, und vergleichen Sie Ihre Analysen.

5. Versuchen Sie, genau zu beschreiben, wie sich Ihr «SEKT-Profil» verändert, wenn Sie erschöpft sind. Was bricht als erstes zusammen: S, E, K oder T?

6. Beobachten Sie einen Mitsportler im Wettkampf. Beschreiben Sie seine Defizite, und vergleichen Sie Ihre Beobachtungen mit seinem Selbsterlebnisbericht. Was sollte er Ihrer Meinung nach verstärkt trainieren? Können Sie ihm Übungen nennen?

7. Versuchen Sie, Ihren größten Schwachpunkt zu beschreiben («Ich falle jedesmal auf Fußfeger herein»). Prüfen Sie
– ob Ihr Schwachpunkt unvermeidliche Nebenwirkung Ihrer bevorzugten Wenn-dann-Verbindungen (Ihres Stils) ist;
– ob die Kosten, die mit dem Schwachpunkt verbunden sind, höher sind als der Nutzen Ihrer bevorzugten Wenn-dann-Verbindungen;
– ob Sie sich ein Verhalten aneignen können, das das Risiko Ihres Schwachpunktes verringert;
– ob ein Wechsel der bevorzugten Wenn-dann-Verbindungen einen alten Schwachpunkt ausräumt, aber neue erzeugt.

8. Lassen Sie sich von einem stärkeren Gegner oder Trainer eines fremden Vereins erklären, warum Sie seiner Meinung nach einen Wettkampf verlieren. Fällt die Diagnose in den Bereich der psychischen, technischen oder konditionellen Faktoren der Zweikampfführung? Prüfen Sie, ob die Diagnose zu Ihrer Trainingsplanung paßt. (Plant Ihr Trainer immer noch ohne Sie?)

9. Versuchen Sie systematisch, den Griff Ihres Gegners zu verhindern. Wann eröffnet diese Handlungsweise Ihnen eigene Angriffsmöglichkeiten, wann wird sie zur Fessel?

10. Bitten Sie Ihren Trainer, Ihnen zu erklären, warum er Klappmesser und Sit-ups zum Bauchmuskeltraining bevorzugt. Prüfen Sie, ob Ihr Trainer Argumenten zugänglich ist, die die Dysfunktionalität solcher Übungen aufzeigen.

Konzentration

Nach SYER/CONNOLLY (1987, 52) ist Konzentration «ein Zustand, bei dem man zwar wach und aufmerksam ist, aber auf eine entspannte Weise, ein Stadium, das nicht durch reine Willenskraft aufrechterhalten wird, sondern einen befähigt, die Aufmerksamkeit sofort von einer Sache auf die andere zu verlagern. Kein wichtiger Faktor wird ausgeklammert, aber die Definition, was ein wichtiger Faktor ist, kann von einem Moment zum anderen eingeengt oder erweitert werden.»
Konzentration ist dieser Umschreibung gemäß kein Zustand, in dem man verkrampft versucht, möglichst lange bei der Sache zu bleiben. Sie ist ein Zustand der Aufmerksamkeit, der es ermöglicht, für bedeutsam erachtete Faktoren, beispielsweise handlungsrelevante Signale, aus einer komplexen, sich ständig ändernden Situation zu selektieren. Im Zustand der Konzentration werden störende oder aufgabenirrelevante Aspekte der Situation ausgeblendet und bedeutsame gesucht, isoliert und hervorgehoben. Wer sich konzentriert, läßt sich von lärmenden Zuschauern ebensowenig stören wie von eigenen sachfremden Gedanken.
Diese Leistung der Konzentration soll im folgenden *Schattenleistung* heißen. Ihr Zweck besteht darin, den Wettkämpfer gegen störende Einflüsse abzuschirmen. Sie stellt alle unliebsamen Faktoren in die Dunkelheit des Schattens. Die Faktoren sind damit keineswegs negiert; sie können jederzeit wieder ans Licht kommen. Der Schattenleistung der Konzentration steht dementsprechend die *Lichtleistung* gegenüber. Schauen Sie sich das Titelbild an. Es erfaßt nur einen kleinen Ausschnitt eines Gesamtbildes. Es isoliert den Griff. Die Lichtleistung der Konzentration isoliert einzelne Faktoren so, als ob Sie im Licht eines Scheinwerferkegels deutlich hervorgehoben werden gegen all das, was außerhalb des Kegels im Schatten verschwindet. Der Scheinwerfer kann wandern. Was eben noch im Licht stand, kann im nächsten Moment im Schatten liegen.

Konzentration meint nicht statisches Verweilen auf einem Fleck, sondern die Fähigkeit, das *Spiel* mit der Schatten- und Lichtleistung gezielt zu beherrschen. Konzentration ist ein Zustand, der auf Inhalte, Ziele, Pläne angewiesen ist. Wer nicht weiß, worauf er sich konzentrieren soll, kann sich nicht konzentrieren.

Schatten- und Lichtleistung der Konzentration sind komplementär. Sie ergänzen sich. Wer die Lichtleistung trainiert, trainiert die Schattenleistung mit. Dennoch sollen im folgenden Übungen zur Licht- und zur Schattenleistung der Konzentration als Schwerpunktsetzungen auseinandergehalten werden.

10 Übungen zur Schattenleistung der Konzentration

1. Vor dem Wettkampf stürmen jede Menge Informationen auf Sie ein. Sie begrüßen Freunde, bemerken Gegner, schauen auf Listen, erfahren Zwischenergebnisse etc. Versuchen Sie, Ihre Teilnahme am Hallengeschehen gezielt einzuschränken. Zählen Sie die Anzahl Ihrer Gesprächspartner vor einem Kampf. Sind es viele? Lenken sie Sie von wichtigen Aufgaben (Aufwärmen, Visualisieren) ab?

2. Listen Sie die Faktoren auf, die Sie in einem Wettkampf ablenken. Sind es äußere (Zuschauer) oder innere (resignative Gefühle, Ärger)?

3. Wieviel Zeit verbringen Sie vor einem Wettkampf damit, Informationen über die Schwächen und Stärken Ihres Angstgegners zu erheischen? Suchen Sie ihn in der Halle? Denken Sie bei seinem Anblick: «Wieder nur Zweiter»? Versuchen Sie, die Zeit, die Sie im unmittelbaren Vorfeld des Wettkampfes mit ängstlichen Gedanken bei Ihren Gegnern verbringen, zu verringern.
   Wenden Sie sich Ihnen erst zu, wenn Sie bei sich eine Herausforderungshaltung verspüren.

4. Stellen Sie sich ein Übungsprogramm zusammen, das in Ihnen eine Herausforderungshaltung aufbaut. Lernen Sie den entsprechenden Visualisierungstext auswendig (vgl. S. 99f).

5. Schreiben Sie sich vor dem jeweils nächsten Kampf Ihre Handlungsabsichten auf. Geben Sie das Geschriebene einem Freund. Analysieren Sie nach dem Kampf gemeinsam, welche Absichten Sie realisieren konnten.

6. Üben Sie im Training die Schattenleistung der Konzentration. Trainieren Sie, den Walkman zu handhaben. Erproben Sie an einem Randori-Abend die Wirkung unterschiedlicher Musik. Welche Musik entspannt Sie vor Visualisierungsübungen? Welche heizt Sie an?

7. Packen Sie sich gedanklich so viele Flaschen SEKT in Ihr Wettkampfgepäck, wie Sie Situationen kennen, in denen Ihre Schattenleistung regelmäßig verlorengeht (schneller Rückstand, Ermüdung). Wann sind Sie das erste Mal mit Piccoloflaschen ausgekommen?

8. Prüfen Sie, ob Sie bei strittigen Entscheidungen in Ihren Ärgergefühlen verharren.

9. Prüfen Sie, ob Ihre Bereitschaft, sich ablenken zu lassen, bei vermeintlich leichten Gegnern steigt. Beobachten Sie im Training, ob Sie es sich angewöhnt haben, zu schauen, wer Ihnen beim Übungskampf zuschaut.

10. Studieren Sie ein Buch über das Psychotraining von Sportlern. Üben Sie nach ausführlicher Anleitung, sich zu entspannen.

10 Übungen zur Lichtleistung der Konzentration

1. Üben Sie die von SYER/CONNOLLY (1987, 57f) erprobte Bewegungsabfolge zur Verbesserung Ihrer Körperkontrolle regelmäßig (Abb. nächste Seite).
2. Ihr Partner hat 20 Versuche, Sie nach Absprache mit einem Wurf nach vorn und einem Wurf nach hinten anzugreifen. Seine Aufgabe ist es, Sie über die Angriffsrichtung möglichst

Absolvieren Sie den Bewegungsablauf wie in der Zeichnung dargestellt, dann – ohne den Fuß auf den Boden zu stellen – in umgekehrter Reihenfolge, bis Sie wieder die Ausgangsposition erreicht haben; ohne Pause wiederholen Sie das gleiche mit dem anderen Fuß.

Erste Bewegung

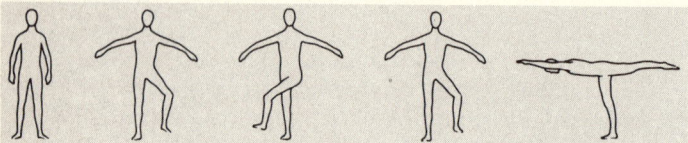

Zweite Bewegung

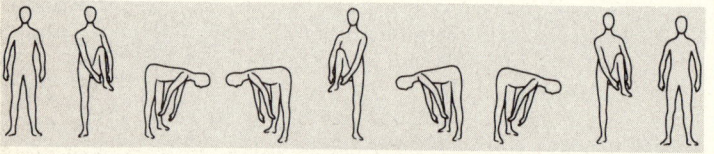

lange im unklaren zu lassen. Zählen Sie die Anzahl Ihrer Konzentrationsverluste. Wie oft ließen Sie sich täuschen?

3. Üben Sie in Trainingskämpfen, einen Vorteil die letzten 30 Sekunden über die Zeit zu bringen. Kämpfen Sie gegen das Gefühl an, Ihren Gegner hierzu panisch angreifen zu wollen.

4. Schreiben Sie alle Ihre bevorzugten Wenn-dann-Verbindungen auf, und entwerfen Sie vier Kampfszenarien, in denen Sie alle Verbindungen in unterschiedlicher Kombination zum Einsatz bringen.

5. Konzentrieren Sie sich auf die Atmung Ihres Gegners. Wann atmet er ein, wann aus? Wann entspannt er sich?

6. Beschreiben Sie Ihren Griff. Wo genau greifen Sie mit Ihrer rechten Hand die Jacke Ihres Gegners? Wie kontrollieren Sie seine Kopfsteuerung? Wie greifen Sie, um eine Aktion Ihres Gegners zu blockieren?

7. Ihr Trainingspartner sagt im Übungskampf «Stop!», wenn er meint, Sie senden ein handlungsrelevantes Signal. Versuchen Sie, sich die Signale einzuprägen. Sagen Sie selbst «Stop!», wenn Sie glauben, ein solches Signal zu senden.

8. Listen Sie die für Sie handlungsrelevanten Signale eines Gegners nach Ihrer Auftretenshäufigkeit auf (Steht immer abgebeugt, läuft häufig seitwärts, meldet bevorstehenden Angriff regelmäßig durch verstärkten Zug rückwärts, wechselt ganz selten von Rechts- auf Linksauslage). Welche Konsequenzen hat die Auftretenswahrscheinlichkeit bestimmter Signale für Ihre Konzentration? Welches Signal sucht Ihr «Lichtkegel»?

9. Behalten Sie Ihre Wenn-dann-Verbindungen bei, aber ersetzen Sie alle bevorzugten Würfe durch andere gleichwertige.

10. Trainieren Sie als Rechtsausleger Ihre Würfe und Wenn-dann-Verbindungen links. Beschreiben Sie möglichst genau Veränderungen in Ihrem Bewegungsgefühl. In welchen Teilaktionen fühlen Sie sich kraftloser? Welche Aktionen erscheinen Ihnen präziser? Welche Teilbewegungen lassen sich nicht koordinieren?

Willenskraft

Unter *Willenseigenschaften* soll die Summe der psychischen Eigenschaften verstanden werden, «die langandauerndes Training und gute Wettkampfergebnisse ermöglichen, wie Zielstrebigkeit, Motivation, Entschlußkraft, Ausdauer, Selbstbewußtsein, Durchsetzungsvermögen, Einordnungsvermögen, Stabilität und Selbstbeherrschung» (JONATH 1988, 319). Die Fähigkeit, bis zum Ende eines Wettkampfes die Zweikampflage aufrechtzuerhalten, verlangt vom Judoka vornehmlich die sogenannte *Willensstoßkraft*; das ist die «Fähigkeit zur maximalen Mobilisation der Willenskräfte als Voraussetzung für das Erreichen höchster Leistungen» (JONATH 1988, 319).

Zweikampf ist häufig eine Angelegenheit der Selbstüberwindung. Sie müssen weiterkämpfen wollen, die Herausforderungshaltung bewahren wollen, auch wenn Sie nur noch 10 Sekunden Zeit haben, einen Rückstand aufzuholen, auch wenn Sie Ihre Erschöpfung schmerzhaft spüren, auch wenn Ihr Gegner zurückfightet und noch einmal aufkommt. Sie müssen sich dann gegen die Lust zur Resignation wehren und noch einmal Ihre Aktionsbereitschaft mobilisieren, wenn Sie den Wettkampf erfolgreich beenden wollen – und das wollen Sie ja.

10 Übungen zur Schulung der Willenskraft

1. Suchen Sie sich Übungen, in denen Sie mit äußerster Konzentration arbeiten müssen. Nehmen Sie einen schweren Medizinball, und setzen Sie sich in den Schneidersitz. Werfen Sie den Ball hoch, und versuchen Sie, so schnell aufzustehen, daß Sie den Ball im Stehen fangen. Wiederholen Sie die Übung so lange, bis Sie sich völlig zusammenreißen müssen, um die Aufgabe zu bewältigen. Versuchen Sie noch drei weitere Wiederholungen.

2. Gewöhnen Sie sich an, im Randori (Übungskampf) nicht zu plänkeln. Gehen Sie nur in Trainingswettkämpfe, wenn Sie auch bereit sind, bedingungslos zu kämpfen.

3. Geben Sie einem schwächeren Gegner einen Wertungsvorsprung, aber beginnen Sie ebenfalls mit einer kleinen Wertung. Versuchen Sie unter Zeitdruck, den Vorsprung aufzuholen, und verlangen Sie sich das Letzte ab, es zu schaffen.

4. «Es klappt heute nicht so gut» ist ein Satz aus einem Selbstgespräch, den Sie verändern sollten. «Es» gibt es nicht. Sie sind es, der es schaffen will.

5. Vermerken Sie Trainingsphasen, in denen Sie von Unlustgefühlen überfallen werden, und erproben Sie in ihnen, ob Sie z. B. den Walkman zur Selbstaktivierung benutzen können.

6. Versuchen Sie immer wieder Wettkämpfe gegen starke Gegner, und üben Sie, sich vorher in eine Herausforderungshaltung zu bringen.

7. Bestätigen Sie jede erfolgreiche Aktion durch eine geballte Faust oder ein anderes Symbol.

8. Steigern Sie Ihren Trainingseifer, statt ihn zu senken, wenn Ihr Trainer wegschaut.

9. Erhöhen Sie eigenständig die Anforderungen, wenn das allgemeine Trainingsprogramm Sie unterfordert.

10. Trainieren Sie unter unüblichen Bedingungen, z. B. im Schnee, auf dem Rasen, im Wasser usw.

Technische Faktoren der Zweikampfführung

Um Struktur in die Vielfalt der Zuordnung handlungsrelevanter Signale zu erfolgversprechenden Techniken zu bringen, sollen hier bestimmte *Grundsituationen* des Zweikampfes im Judo unterschieden werden. Eine solche Ordnung ist nicht wahr oder falsch, sondern nützlich oder unnütz und kann deshalb für andere Zwecke auch ganz anders gebildet werden.

Wie auch immer, mit jeder Ordnung wird die Sache des Judo anders konstruiert. Wird Judo lediglich in motorische Handlungselemente zerlegt (z. B. in die Grundwürfe der *Gokyo*), so wird unterstellt, Judo sei ein so komplexes Geschehen, daß es in eine Summe von Fertigkeiten aufgeteilt werden müßte, deren additive Aneignung (beispielsweise in Form des Stoffs für Gürtelprüfungen) Voraussetzung sei, das Ganze im Verlauf der Zeit zu beherrschen. Schon in der Betrachtung der Konstruktion des «richtigen Moments» (S. 70ff) ist deutlich geworden, daß das Ganze des Judo mehr als eine Summe der Fertigkeiten ist, wenn man das Gelingen der Fertigkeit an die Wahrnehmung und Voraussicht handlungsrelevanter Signale koppelt. Die kleinsten Teileinheiten, die aus dem Ganzen ausgegliedert werden, sind dann nicht Fertigkeiten (Würfe), sondern Wenn-dann-Verbindungen (Werfen) – nicht Würfe lernen, sondern Werfen lernen. In diesem Kapitel soll nun noch ein Schritt weiter gegangen werden. Es wird der Gedanke beibehalten, daß Judo ein komplexes Geschehen ist, zu dessen Aneignung Vereinfachungen notwendig sind. Die Gliederung des Ganzen soll jedoch nach den wesentlichen Handlungsphasen erfolgen, die für einen Judokampf typisch sind.

Bei gleicher Absicht und gegen die Abwehr des Gegners muß der Judoka versuchen, seinen Griff anzubringen, um dann eine günstige Ausgangsposition zu erkämpfen, die es ihm erlaubt, die Zielhandlung zu versuchen, nämlich den Gegner zu Fall zu bringen. Alle drei Phasen, der *Kampf um den Griff*, der *Kampf um die Ausgangsposition* und der *Kampf um das Gleichgewicht* vollziehen sich im Handlungsablauf fließend. Im Wechselspiel von Angriff und Abwehr sind dabei die Situationen Kampf um den Griff und Kampf um die Position auf die Situation Kampf um das Gleichgewicht ausgerichtet.

Der *Kampf um das Gleichgewicht* (Wurf – Wurfabwehr) umfaßt den Komplex an Wenn-dann-Verbindungen, die auf die Erhaltung des Gleichgewichts zielen (Block, Ausweichen), auf das Fintieren und Kombinieren, um Gleichgewichtserhaltungsversuche des Gegners zu hintergehen, sowie auf das Kontern.

Dieser Phase vorgelagert ist der *Kampf um die Position* (Herausarbeiten einer Gelegenheit – Vernichten einer Gelegenheit). Es gibt einen Set an Positionen im Stand- wie auch im Bodenkampf, die mit bestimmten Wenn-dann-Verbindungen zusammenhängen. Dies sind beispielsweise die Positionen links gegen rechts, abgebeugt gegen aufrecht, Mattenrand nah gegen Mattenrand fern, die Bank, die Bauchlage, die Position zwischen den Beinen des Gegners etc.

Die Phase des *Kampfes um den Griff* (Greifen – Griff lösen) ist erstens eine Phase der Kontaktaufnahme zwischen den Gegnern, in der jeder versucht, möglichst günstige Kontaktstellen zu bilden, die in der Vorbereitung (Anreißen), häufig aber erst in der Hauptphase des angestrebten Wurfes eine bedeutende Rolle spielen. Im weiteren Sinne umfaßt diese Phase zweitens einen Bestand an Griffen, die nicht vorbereitende, sondern Zielhandlungen sind, so die Halte-, Hebel- und Würgegriffe im Bodenkampf.

Sind mit diesen drei Phasen die kampfbestimmenden Themen erfaßt, dann stehen sie im Zentrum des Lehrgangs über technische Faktoren der Zweikampfführung, in dem die Grundsituationen in Lern- und Übungssituationen transformiert werden. Dabei sollte vor allem geprüft werden, wie es gelingen kann, das in seiner Mehrphasigkeit komplexe Kampfgeschehen zu vereinfachen. Dies kann beispielsweise dadurch geschehen, daß der dreiphasige Handlungsaufbau jeweils um eine Phase gekürzt wird.

Man erhält so drei Grundformen des Zweikampfes, die jeweils zwei Kernsituationen und ihren Zusammenhang prägnant hervorheben. Das sind
1. Kampf um die Position/Kampf um den Griff,
2. Kampf um die Position/Kampf um das Gleichgewicht,
3. Kampf um den Griff/Kampf um das Gleichgewicht.

Auf unliebsame Überraschungen...

...sollte man möglichst vorbereitet sein. In jedem Fall ist es besser, selbst die Initiative zu ergreifen, als von den Ereignissen überrollt zu werden.

Wer zum Beispiel Judo, die «sanfte» Art der Selbstverteidigung, beherrscht, kann auf körperliche Angriffe rascher reagieren und ist dem Angreifer meistens überlegen.

Aber auch in anderen Bereichen des täglichen Lebens, beispielsweise in finanziellen Dingen, kann man unliebsamen Überraschungen vorbeugen.

Griff- und Positionskampf

Verzichtet man auf die Phase des Kampfes um das Gleichgewicht, so kommen vereinfachte Kampfsituationen in den Blick, die den Zusammenhang von Position und Griff hervorheben:

Kampfspiele

Speziell vielfältige kleine Kampfspiele zum Raumverhalten fallen unter eine solche Vereinfachung:

Hinaus aus dem Kreis
(Wer bleibt im Kreis? Kreis ausräumen)

In einem Kreis von etwa 3 Metern Durchmesser befinden sich acht bis zehn Spieler. Jeder Spieler versucht, die anderen hinauszudrängen. Hat er einen hinausgeworfen, so wendet er sich einem neuen Gegner zu. Er kann auch ein kämpfendes Paar überraschen und beide hinausstoßen. Es ist also beim Kampf stets Aufmerksamkeit geboten. Wer mit beiden Füßen den Kreis verlassen hat, bekommt einen Minuspunkt oder scheidet aus (DÖBLER/DÖBLER 1975, 297).

Verdrängen
(Von Feld zu Feld)

Es werden, je nach Anzahl der Spieler, Doppelfelder von gleicher Größe aufgezeichnet, bei zwanzig Spielern vier. In den Feldern 1 bis 4 stehen je fünf Spieler, die sich im Kampf jeder gegen jeden in das benachbarte leere Feld zu drängen versuchen. Wer den Boden des anderen Feldes berührt, hat verloren. Welcher von den fünf Spielern behauptet sich im Ausgangsfeld?

Abwandlung: Noch freudvoller ist folgende Abwandlung, die aber auch eine höhere Anforderung an Kraft und Ausdauer stellt:
Alle Spieler befinden sich zu Beginn des Spiels im Feld 1. Sie versuchen, sich gegenseitig in das zweite Feld zu schieben. Die dort hineingedrängten Spieler nehmen sofort wieder den Kampf auf, um sich gegenseitig in das Feld 3 zu befördern. So geht der Kampf weiter, bis die Felder nur noch von je einem Mann besetzt sind und die restlichen Spieler sich im letzten Feld sammeln (DÖBLER/DÖBLER 1975, 301).

In diesen noch nicht speziell am geregelten Raumverhalten im Judo orientierten Spielen wird das Greifen und Drängen des Gegners in eine bestimmte Position bzw. die Abwehr eines solchen Handelns zum Thema. Judospezifischer sind Spiele, in denen die Einnahme einer Position den Zugriff des Gegners erschwert.

So kann die Aufgabe für zwei sich gegenüber kniende Judoka lauten, jeweils zu versuchen, dem Gegner seinen Gürtel abzubinden. Die Judoka können dabei Erfahrungen mit günstigen und ungünstigen Positionen sammeln. So erschwert die Einnahme der Bauchlage es dem Gegner zwar, an den eigenen Gürtelknoten zu gelangen; eigenes zielstrebiges Zugreifen ist aus dieser Position selbst wiederum nur schwer möglich.

Bodenkämpfe

Bestimmte Standardpositionen werden von Schülern meist schnell in Auseinandersetzung mit obigen spielerischen Formen entdeckt. Diese Positionen bilden einen Set an Problemen, für die es wiederum bewährte judospezifische Lösungen gibt. Wenn im folgenden einige solcher Lösungen aufgeführt werden, dann soll dadurch nicht gesagt sein, der Entdeckungsprozeß der Schüler sei frühzeitig abzubrechen. Viele der Lösungen können von den Schülern in Auseinandersetzung mit dem Bewegungsproblem selbständig, in einer Mischung aus Versuch, Irrtum, Konstruktion und Nachdenken, nachgebildet werden. Solchermaßen selbsterworbenes Wissen und Können sollte die Basis für Lehrprozesse bilden, die dieses Wissen und Können aufgreifen und ausdifferenzieren.

Problem: Der Gegner liegt mit einer Schulter auf der Matte. Sie liegen über ihm und sollen ihn 30 Sekunden so festhalten, daß nicht beide Schultern zugleich vom Boden lösen kann, noch Ihr Bein klammert oder Sie zwischen seine Beine nimmt. Sie sollen ihn aus einer Position heraus kontrollieren, die sicherstellt, daß Sie jederzeit frei aufstehen können.

Lösungen:

Kesa-Gatame

Sie belasten Ihren Gegner von der Seite, nicht von oben (!).
Kontrollieren Sie mit dem rechten Arm Kopf und Nacken Ihres Gegners,
mit dem linken Arm seinen rechten. Ihre Beine sind gespreizt. Ihr linkes
Bein liegt flach, damit es nicht geklammert werden kann.

Befreiung: Ihr Gegner begeht den Fehler, sich auf Sie zu legen. Greifen
Sie mit Ihrer freien Hand auf seinen Rücken oder in seinen Gürtel. Fixie-
ren Sie dabei aus enger Umklammerung heraus seinen rechten Arm mit
Ihrem Kopf (unten links).

Gehen Sie in die Brücke, und stoßen Sie Ihren Gegner in Richtung
Ihres Kopfes (Abb. rechts).

Drehen Sie sich selbst auf den Bauch, und kontrollieren Sie Ihren Gegner Ihrerseits.

Yoko-Shiho-Gatame

Sie liegen im rechten Winkel zu Ihrem Gegner und belasten ihn mit Ihrer Brust. Greifen Sie mit Ihrer linken Hand unter Kopf und Schulter des Gegners durch, und kontrollieren Sie diese. Sie können Ihre Beine angewinkelt lassen oder ausstrecken, um Ihren Schwerpunkt zu senken.

Befreiung: Drücken Sie mit Ihrem linken Arm Ihren Gegner nach oben.

Bringen Sie Ihre rechte Hand in die Lücke zwischen dem linken Arm und der linken Seite Ihres Gegners.

Stoßen Sie Ihren rechten Arm explosiv durch diese Lücke, und drehen Sie sich in einem Zug auf den Bauch.

Problem: Ihr Gegner hat die Position «Bank» eingenommen, um sich aus ihr heraus zu verteidigen. Wie können Sie ihn in eine Position überführen, in der er auf dem Rücken liegt und Sie sich über ihm befinden?

Lösungen:

Überrollen

Greifen Sie von innen mit Ihrer rechten Hand das Handgelenk des Gegners, und ziehen Sie seinen Arm unter seinen Körper.

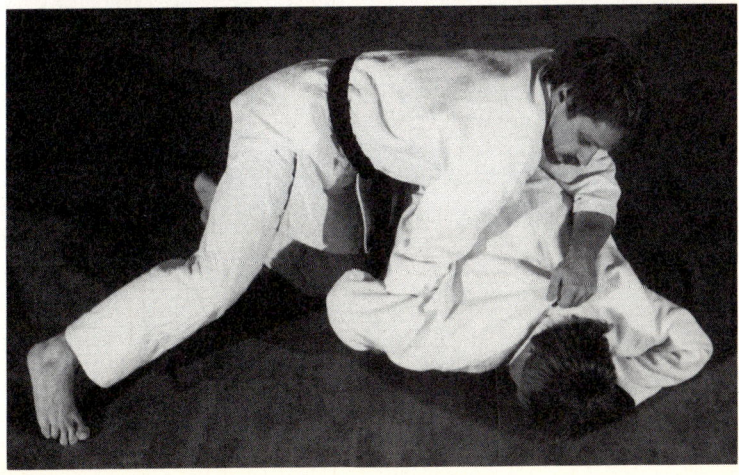

Greifen Sie mit links das rechte Hosenbein Ihres Gegners in Wadenhöhe, und rollen Sie ihn auf den Rücken.

Achtung: Sie dürfen das rechte Bein Ihres Gegners nicht zu früh loslassen, da er Sie sonst zurückdrehen könnte. Sie müssen sicher über ihm liegen, bevor Sie weiterarbeiten.

Juji-Gatame

Sie stehen über Ihrem Gegner.
Heben Sie ihn am rechten Ellbogen an, und greifen Sie mit links
unter seiner Achsel hindurch in
Ihr eigenes Revers.

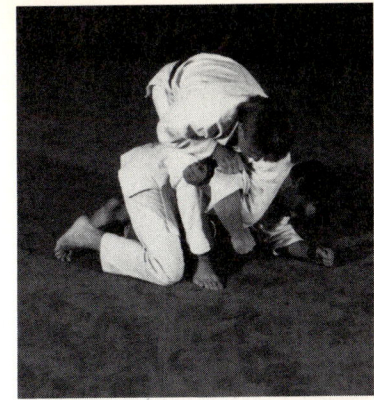

Legen Sie den linken Fuß auf den
Nacken Ihres Gegners (rechts),
und drehen Sie sich auf Ihre linke
Seite (unten).

Greifen Sie die Hose des entfernten Beins Ihres Gegners in Wadenhöhe, und drehen Sie ihn über Ihren Körper auf den Rücken.

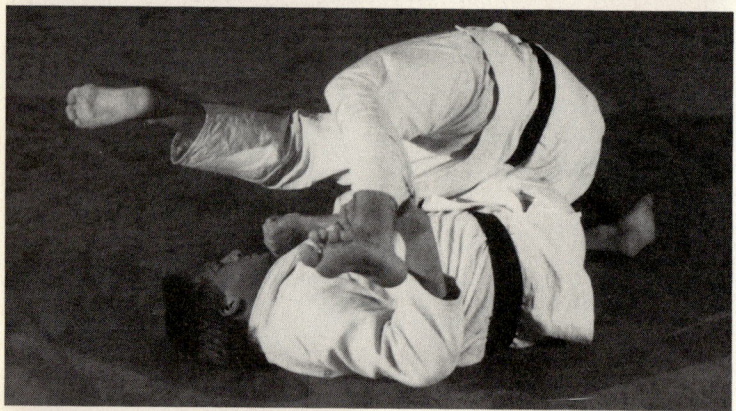

Vollenden Sie mit *Juji-Gatame*. Legen Sie Ihr linkes Bein über den Kopf Ihres Gegners, drücken Sie die Knie zusammen. Hebeln Sie, indem Sie mit dem Becken gegen das Ellbogengelenk Ihres Gegners drücken.

Befreiung: Greifen Sie in dem Moment, in dem Ihr Gegner sein linkes Bein über Ihren Kopf schwingen will, sein Bein und drücken Sie es weg. Drehen Sie sich zugleich über Ihre rechte Seite in eine eigene Angriffsposition.

Juji-Jime Mahenko Würgen

Greifen Sie mit links unter der rechten Achselhöhle Ihres Gegners hindurch in sein linkes Revers. Greifen Sie mit rechts in den Kragen oder in eine Jackenfalte auf seiner rechten Schulter.

Halten Sie den Griff, legen Sie sich mit Schwung neben Ihren Gegner auf den Rücken, und rollen Sie ihn über sich hinweg.

(Abbildungen rechts)

Belasten Sie Ihren rechten Unterarm mit Ihrem Körpergewicht, und würgen Sie mit Juji-Jime.

Befreiung: Blockieren Sie in dem Moment, in dem sich Ihr Gegner neben Sie gelegt hat, seinen rechten Ellbogen mit Ihrer linken Hand.

Problem: Ihr Gegner liegt auf dem Rücken. Sie befinden sich zwischen seinen Beinen. Wie bekommen Sie Ihren Gegner in einen Haltegriff?

Lösung: Drücken Sie mit Ihrer rechten Hand das linke Knie Ihres Gegners zum Boden, und rutschen Sie mit Ihrem rechten Unterschenkel über den linken Oberschenkel Ihres Gegners, um diesen zu blockieren.

Ergreifen Sie mit rechts Kopf und Nacken Ihres Gegners. Drehen Sie sich über Ihre rechte Seite aus der Position zwischen den Beinen Ihres Gegners heraus, ohne die Blockade seines linken Oberschenkels aufzugeben. Ziehen Sie Ihr rechtes Bein erst in die Position *Yoko-Shiho-Gatame*, wenn Sie den Oberkörper Ihres Gegners kontrollieren.

Griffkampf und
Kampf um das Gleichgewicht

Läßt man die Phase des Kampfes um die Position außer acht, dann tritt der Zusammenhang von Greifen und Werfen in den Vordergrund. Wenn es gelingt, den Gegner so zu greifen, daß für eigene Techniken gute Kontaktstellen gebildet sind, die, vermittelt über die Jacke, eine optimale Kraftübertragung ermöglichen, dann ist es ohnehin nicht ratsam, die Phase des Kampfes um die Position allzulang zu halten. Denn in dieser Zeit wird der Gegner viel daransetzen, den Griff zu lösen. Häufig erfolgen Angriffe deshalb auch in direktem Anschluß an einen gelungenen Griff, obwohl eine ideale Position zum Gegner nicht gegeben ist. Da im Zuge der Perfektionierung des Griffkampfes es immer wichtiger wird, aus einem großen, zu den Grundgriffen alternativem Griffrepertoire heraus werfen zu können, soll hier auf eine Darstellung der Grundbegriffe verzichtet werden (vgl. dazu den Abschnitt über Faßarten bei BIROD/BEISSNER 1979, 47f). Hier wird nur auf das Überkreuzgreifen eingegangen, da es mittlerweile zum Standardrepertoire eines Wettkämpfers gehört.

Über Kreuz greifen kann die Hubhand, das ist die Hand, die in der Regel das Revers greift und den Gegner durch eine Angelbewegung in Kipplage bringt, oder die Zughand, das ist die Hand, die in der Regel den Ärmel greift und den Gegner «unter Spannung» hält. Die folgenden Techniken sind danach unterschieden, ob mit der Zug- oder Hubhand über Kreuz gegriffen wird.

Zughandgriff

Sie greifen über Kreuz den Ärmel Ihres Gegners, ziehen ihn mit einem Ruck zu sich und greifen mit Ihrer Hubhand auf die entfernte Schulter, um die Hüfte oder in Höhe des Nackens in das Revers Ihres Gegners.

Variante: Sie haben das Revers Ihres Gegners mit der Hubhand in Achselhöhe gegriffen. Ihre Zughand greift den der Hubhand nahen Ärmel des Gegners.

De-Ashi-Barai

Vorbereitung: Sie veranlassen Ihren Gegner durch einen ruckartigen Zug aus dem Überkreuzgriff zu einem Schritt an Ihnen vorbei.

Hauptphase: Sie fegen mit Ihrem linken Bein gegen das rechte Bein Ihres Gegners und ziehen ihn mit Ihrer linken Hand nach unten.

Anschluß: Kesa-Gatame;
Kuzure-Kesa-Gatame;
Juji-Gatame

Yoko-Wakare *Übergang vom Stand zum Boden*

Vorbereitung: Legen Sie sich mit Schwung neben Ihren Gegner, und schieben Sie zugleich seinen über Kreuz gefaßten Arm nach unten zwischen seine Beine.

Hauptphase: Reißen Sie den Gegner durch Zug der rechten Hand über sich hinweg.

Anschluß: Yoko-Shiho-Gatame

Ude-Gaeshi

Vorbereitung: Heben Sie den Arm Ihres Gegners mit dem linken Ellbogen peitschenartig an, und tauchen Sie mit einer Rechts-links-Schrittkombination unter seinem Arm hindurch.

Hauptphase: Vollenden Sie Ihre Drehung, und zwingen Sie Ihren Gegner zu einer Rolle über seine rechte Schulter.

Anschluß: Yoko-Shiho-Gatame

Hubhandgriff

Ihre Hubhand greift über Kreuz zwischen die Schulterblätter oder in den Gürtel Ihres Gegners.

Khabarelli

Vorbereitung: Greifen Sie in den Gürtel Ihres Gegners, gehen Sie in Rük-
kenlage, und heben Sie ihn mit Hilfe Ihres linken Oberschenkels dynamisch nach links hinten aus.

Hauptphase: Führen Sie die Aushebebewegung explosiv weiter, geben Sie Ihr Gleichgewicht auf, und vollenden Sie mit Ihrem Gegner die Drehung in der Luft. Halten Sie bis zur Landung engen Kontakt.

Anschluß: Yoko-Shiho-Gatame

Hikikomi-Gaeshi

Vorbereitung: Greifen Sie mit
Ihrer linken Hand über die linke
Schulter Ihres Gegners in seinen
Gürtel. Springen Sie zwischen
seine Beine, und lassen Sie sich
mit engem Kontakt auf den
Rücken fallen.

Hauptphase: Durch den Zug Ihres Körpergewichts, unterstützt von einer
schiebenden Bewegung Ihres rechten Beins, zwingen Sie Ihren Gegner zu
einer Rolle. Halten Sie engen Kontakt, und rollen Sie mit.

Anschluß: Tate-Shiho-Gatame

Positionskampf und
Kampf um das Gleichgewicht

Der Kampf um das Gleichgewicht steht im Zentrum des Kämpfens. Jeder Wurf zielt darauf, das Gleichgewicht des Gegners zu brechen. Dieser wird durch Positionswechsel oder Ausnutzen der Position des Angegriffenen versuchen, sein Gleichgewicht zu erhalten oder das seines Gegners wiederum zu brechen.

Traditionell werden in der Lehre des Judo acht Richtungen unterschieden, in die das Gleichgewicht des Gegners gestört wird:

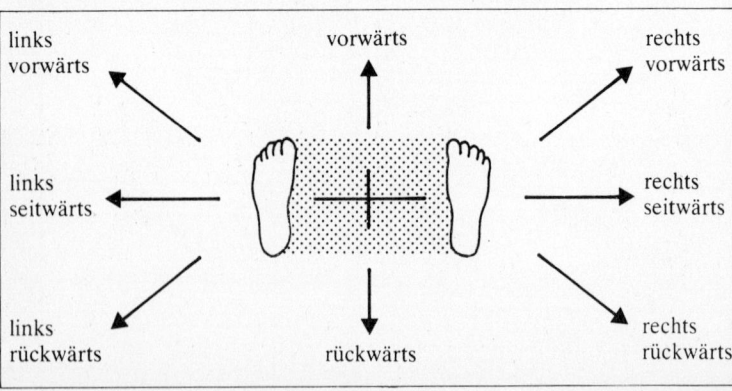

links vorwärts   vorwärts   rechts vorwärts

links seitwärts   rechts seitwärts

links rückwärts   rückwärts   rechts rückwärts

Das Gleichgewicht des Gegners ist dann labil, wenn das Lot des Körperschwerpunkts über dem Rand der Unterstützungsfläche (Fläche zwischen den Füßen) ist. Um das Gleichgewicht in die Richtung stören zu können, in der der Gegner am wenigsten Widerstand leistet, ist häufig ein schneller Positionswechsel nötig. Die Aufgabe des Judoka besteht also darin, bei ständiger vertikaler und horizontaler Bewegung des Körperschwerpunktes abzusichern, daß das Lot seines Körperschwerpunktes nicht den Rand der Unterstützungsfläche erreicht. Der Kampf um das Gleichgewicht erfolgt aus ständig wechselnden Positionen heraus, von denen einige wesentliche im folgenden dargestellt werden.

Aus dem Positionswechsel das Gleichgewicht stören

Um das Gleichgewicht in die Richtung stören zu können, in der der Gegner am unsichersten agiert, ist häufig ein schneller Positionswechsel nötig.

T-Position

Für viele Würfe, für die das Prinzip «Schritt verlängern» oder «Schritt verstärken» mit anschließendem Sicheln gilt, ist die Einnahme der T-Position besonders wichtig, «um aus dem Zurückdrehen der Hüfte in der Phase des *Tsukuri* oder *Kake* zusätzliche Kraftwirkung zu gewinnen» (LEHMANN/MÜLLER-DECK 1987, 199). Die folgenden Abbildungen zeigen Angriffsrichtungen und unterschiedliche T-Positionen, wenn Rechtsausleger gegen Linksausleger kämpfen. (Abbildungen aus LEHMANN/MÜLLER-DECK 1987, 199)

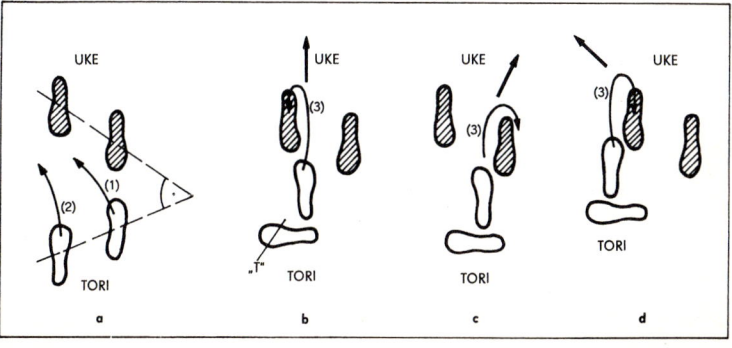

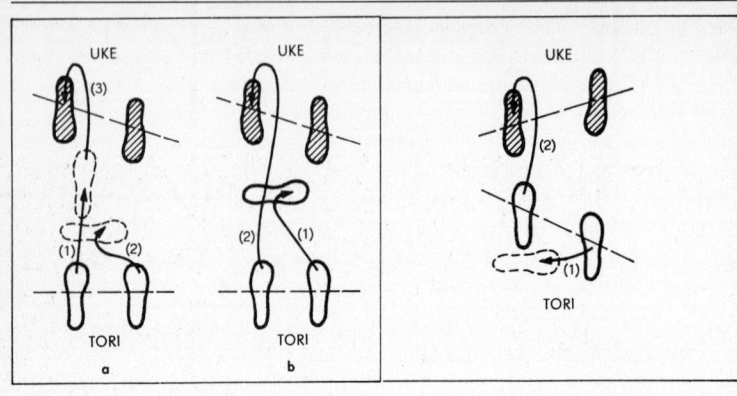

Rechts-links-Wechsel

Im Kampf Linksausleger gegen Rechtsausleger kann es den Gegner überraschen, als Linksausleger den Griff beizubehalten, aber die Beinposition eines Rechtsauslegers einzunehmen, um mit *Uchi-Mata* links anzugreifen.

Dieser Eingang kann auch als fintierende Vorbereitung genommen werden, eine T-Position für *Hidari-O-Soto-Gari* einzunehmen.

Das eigene Gleichgewicht durch minimale Positionswechsel erhalten

Schon geringfügige Positionswechsel genügen, um Angriffe
des Gegners erfolgreich zu
vereiteln.

Ausweichen
Weichen Sie Angriffen mit
Seoi-Nage durch einen
Seitschritt entgegengesetzt
zur Wurfrichtung aus.

Morote - Seoi - Nage

Positionskampf

Blockieren

Blockieren Sie den Angriff mit einem Hüftwurf rechts Ihres Gegners, indem Sie Ihre linke Hüfte vorschieben, Ihren rechten Arm losreißen und mit links Ihren Gegner in seine Wurfrichtung wegstoßen.

Aus der Position des Angegriffenen kontern

In der Position des Angegriffenen stehen Sie häufig, zumindest bei Hüft-
und Schulterwürfen, im Rücken des Gegners. Ist es dem Gegner nicht ge-
lungen, Ihr Gleichgewicht zu stören, so befinden Sie sich in einer guten
Ausgangsposition, Ihrerseits einen Wurf anzubringen. Der richtige Moment zum Kontern besteht in der Regel dann, wenn Ihr Gegner sich un-
kontrolliert eindreht oder wenn er erschlafft und aus dem Wurfansatz wieder herausgehen will.

Ura-Nage

Vorbereitung: Weichen Sie Ihrem Gegner mit einem Schritt nach rechts
aus, fassen Sie mit links eng um seine Hüfte, so daß Ihr Gegner nahezu
auf Ihrem linken Oberschenkel «Platz nimmt».

Hauptphase: Heben Sie Ihren
Gegner aus, und reißen Sie ihn
kraftvoll über sich hinweg.

Te-Guruma

Vorbereitung: Senken Sie Ihren
Schwerpunkt ab, und greifen Sie
mit Ihrer linken Hand zwischen
den Beinen Ihres Gegners hindurch auf seinen rechten Oberschenkel. (Abb. links)

Hauptphase: Heben Sie Ihren
Gegner aus, indem Sie Ihre Beine
strecken und Ihre Hüfte nach vorn
stoßen. Drehen Sie Ihren Gegner
in der Luft, indem Sie seine Beine
mit Ihrem linken Arm nach oben
ziehen. (Abb. rechts)

Variante: Schaffen Sie es nicht, seine Beine nach oben zu ziehen, dann versuchen Sie, Ihr Bein und Ihre Hüfte vor Ihren Gegner zu drehen.

Positionswechsel des Gegners vorhersehen und nutzen

Fintieren
Finten sind Täuschungshandlungen, die den Gegner zu einer Reaktion veranlassen sollen, die ihm die Möglichkeit nimmt, die von Ihnen eigentlich angestrebte Aktion noch abzuwehren.

Finten haben in der Regel folgende Grundstruktur:
Es wird eine Bewegung vorgetäuscht, die nicht zur beabsichtigten Hauptbewegung gehört. Sie soll den Gegner zu einer falschen Voraussicht, d. h. zur Deutung der Bewegung als ein solches handlungsrelevantes Signal veranlassen, das ihn eine Wenn-dann-Verbindung auswählen läßt, die eine Bewegung erzeugt, die wiederum in die von Ihnen antizipierte Wenn-dann-Verbindung paßt.

Schauen Sie sich noch einmal die Finte *Hidari-Uchi-Mata/Hi-dari-O-Soto-Gari* an (S. 141). Die *Uchi-Mata* erkennen lassende Bewegung ist für den Gegner ein handlungsrelevantes Signal. Es läßt ihn die Hauptphase des *Uchi-Mata* voraussehen. Auf diese hin wählt er eine Wenn-dann-Verbindung, die lautet: «Wenn *Uchi-Mata* aus großer Distanz, dann Aufrichten und Hüfte vor». Gerade durch diese Bewegung erhält er aber Tendenz zur Rücklage, die in die Wenn-dann-Verbindung «Wenn Rücklage, dann *O-Soto-Gari*» paßt. Erkennt der Gegner die wahre Absicht, ist die Programmierung seiner Reaktion schon erfolgt, und die notwendige Umprogrammierung erfordert mehr Zeit als der Übergang von der Täuschungsbewegung zur Hauptbewegung, da diese von Ihnen schon vorweggenommen wurde.

Ein weiteres Beispiel: Uchi-Mata/Ko-Uchi-Gari

Vorbereitung: Sie täuschen *Uchi-Mata* vor. Sie erwarten, daß Ihr Gegner gegen die Wurfrichtung reagiert und sich tendenziell auf seine Hacken stellt.

Hauptphase: Sie nutzen die schlechte Hauptphase Ihres *Uchi-Mata*-Ansatzes als gute Vorbereitungsphase Ihres antizipierten *Ko-Uchi-Gari*. Aus einem langen Beschleunigungsweg heraus sicheln Sie das linke Bein Ihres Gegners und werfen ihn auf den Rücken. (Abb. unten)

Kombinieren

Bei der Kombination zwingt die gute Reaktion Ihres Gegners Sie dazu, die Hauptphase Ihrer Aktion abzubrechen. Sie nutzen jedoch die sich so ergebende Position sofort zu einer Folgehandlung.

Hidari-O-Uchi-Gari/Ippon-Seoi-Nage

Ihr Gegner weicht Ihrem Angriff nach hinten aus.

Sie lösen Ihre rechte Hand und springen aus einer Drehung über Ihren rechten Fuß auf beide Knie zwischen die Beine Ihres Gegners, um ihn mit *Ippon-Seoi-Nage* zu werfen. (Abb. gegenüber)

→ drop
(dropper) →

Die Position auf der Matte erkennen und taktisch wahrnehmen

Wenn auch der Kampf in der Mattenmitte begonnen wird, so verschiebt er sich im Verlauf der Kampfführung häufig an den Mattenrand. LEHMANN/ MÜLLER-DECK (1987, 227) verweisen auf Untersuchungen von SUGIYAMA und MATSUMOTO, aus denen hervorgeht, daß am Mattenrand die Mehrzahl der Angriffe stattfindet. Daraus ist keineswegs zu schließen, daß die Position am Mattenrand die günstigste sei. Sie schränkt vielmehr die Möglichkeiten des Angriffs und der Verteidigung durch das Regelwerk zum Verlassen der Matte ein.

Steht der Angreifer mit dem Rücken zur Mattenmitte und hat er seinen Gegner zwischen sich und den Mattenrand gebracht, so hat er gute Chancen, einen Vorteil zu verbuchen, wenn es ihm gelingt, durch eine Angriffsfinte seinen Gegner zu einer Reaktion zu veranlassen, die diesen die Matte verlassen läßt. Der Gegner bekäme eine Bestrafung. Der Angreifer würde jedoch selbst eine Bestrafung erhalten, falls er seinen Gegner im ständigen Bedrängen über den Mattenrand schiebt.

Die Situation Mattenrand ist für *Fegetechniken* günstig, wenn der Gegner versucht, durch schnelle Seitwärtsschritte aus seiner Position zu entkommen. Sie ist für *Eindrehtechniken* nach innen günstig, sofern der Gegner drückt, um vom Mattenrand wegzukommen. Angriffe nach außen werden wiederum schnell neutralisiert, sofern der Gegner die Matte in der Aktion verläßt, wofür er nicht bestraft wird.

Die günstigste Position für Angriff und Abwehr ist die Mattenmitte. Sie erlaubt Angriffe in jede Richtung, schnelle Positionswechsel und eine dynamische Verteidigung.

Konditionelle Faktoren der Zweikampfführung

Die drei Grundsituationen «Kampf um den Griff», «Kampf um die Position» und «Kampf um das Gleichgewicht» verweisen gerade in ihrer Verflechtung auf die Vielschichtigkeit konditioneller Anforderungen im Judo. Wenn unter Kondition im weitesten Sinne auch die physische und psychische Verfassung des Sportlers zum Erbringen der sportartspezifischen Leistung verstanden werden kann, so soll in diesem Abschnitt nur der Ausprägungsgrad der *physischen Leistungsfaktoren* angeprochen werden.

LEHMANN/MÜLLER-DECK (1987, 299) haben die leistungsrelevanten physischen Faktoren in einem Strukturmodell abgebildet:

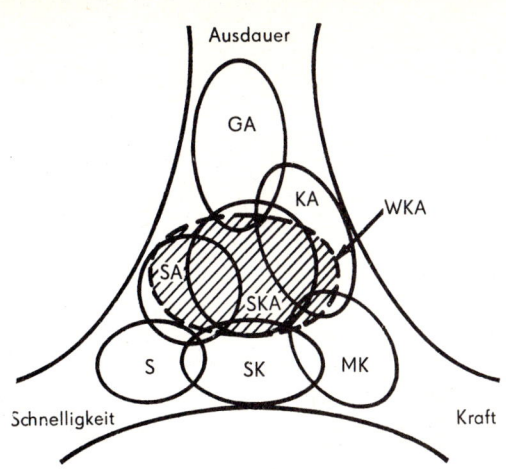

Strukturmodell leistungsrelevanter konditioneller Leistungsvoraussetzungen im Judo

MK	= Maximalkraft	allgemeine konditionelle
KA	= Kraftausdauer	Leistungsvoraussetzungen
GA	= Grundlagenausdauer	
SK	= Schnellkraft	spezielle technikgebundene
S	= Schnelligkeit	konditionelle Leistungsvoraussetzungen
SKA	= Schnellkraftausdauer	komplexe wettkampfadäquate
SA	= Schnelligkeitsausdauer	konditionelle Leistungsvoraussetzungen
WKA	= wettkampfspezifische Ausdauer	

Maximalkraft und Kraftausdauer spielen im Kampf um den Griff in der Stand- und in der Bodenarbeit eine wichtige Rolle. Hingegen ist im Kampf um das Gleichgewicht und die Einnahme günstiger Positionen Schnellkraft, Schnelligkeit und Schnellkraft- bzw. Schnelligkeitsausdauer von herausragender Bedeutung. Die meisten Belastungen im Judo liegen im Bereich der Kurzzeit- und Mittelzeitausdauer. Die Belastung einer effektiven Kampfzeit von fünf Minuten wird aber insofern überschritten, als bis zu sieben Kämpfe in einem Turnier überstanden werden müssen. Daher kommt der allgemeinen Grundlagenausdauer dennoch größte Bedeutung zu, als sie Voraussetzung ist, unter Turnierbedingungen hohe Leistungen in der Kurz- und Mittelzeitausdauer zu erbringen.

Trainieren der Grundlagenausdauer

Unter Ausdauer wird die Ermüdungswiderstandsfähigkeit des Organis-
mus verstanden, d. h. sein Vermögen, bei andauernder Belastung genügend Energie freizusetzen, ohne daß die Qualität der Bewegungsrea-
lisation abnimmt. Ihre Ausdauer ist hinsichtlich zweier Kapazitäten
verbesserbar. Das sogenannte *aerobe* Ausdauertraining verbessert die Kapazitäten der Sauerstoffzufuhr über das Training ihres Herz-Kreislauf-Systems, das *anaerobe* Ausdauertraining verbessert die Kapazitäten Ihres
Muskelstoffwechsels. Bei länger dauernden Belastungen ist Ihre aerobe
Ausdauer leistungsbestimmend. Ihre Muskeln erhalten dank Ihres lei-
stungsfähigen Herz-Kreislauf-Systems soviel Sauerstoff, wie sie zur Ener-
gieproduktion benötigen. Ist die Intensität der Belastung jedoch sehr
hoch, dann reicht die Sauerstoffversorgung zur Energiegewinnung nicht
aus, und es werden Prozesse ihres Muskelstoffwechsels dominant, die zur
Energiegewinnung nicht auf Sauerstoff zurückgreifen, sondern auf den
Abbau hochmolekularer energiereicher Nährstoffe. Wenn Sie über eine
gute aerobe Ausdauer verfügen, dann wird der Zeitpunkt der Wirksamkeit anaerober Mechanismen nach hinten verschoben, Ihre Dauerlei-
stungsgrenze wird nach oben verbessert. Deshalb vernachlässigen Sie
nicht das Training der aeroben Ausdauer, selbst wenn im Judo der anaero-
ben Ausdauer aufgrund von Maximal- und Schnellkraftanforderungen
größere Bedeutung zukommt.

- Testen Sie Ihre aerobe Ausdauer mit dem COOPER-Test: Versuchen
  Sie, eine möglichst weite Strecke laufend oder gehend in 12 Minuten
  zurückzulegen. Entnehmen Sie der nebenstehenden Tabelle Auskunft
  über den Zustand Ihrer Ausdauerfähigkeit

- *Trainieren Sie Ihre Ausdauer durch*

- *Dauerläufe:* Laufen Sie ohne Pause mit gleichbleibender Geschwindig-
  keit 15–30 Minuten. Laufen Sie nicht wesentlich länger, da Sie Gefahr
  laufen, Ihren Stütz- und Gelenkapparat zu überlasten. Laufen Sie aus
  diesem Grunde auch nur mit funktionellen Schuhen.
- *Fahrtspiel:* Laufen Sie 3 bis 5 Kilometer im Gelände, und legen Sie
  Trab- und Gehpausen ein.
- *Minutenläufe:* Laufen Sie Serien, z. B.2-3-6-3-2 Minuten, mit geringer
  Intensität.

Wertungstabelle Cooper-Test

Männer				
Kondition	bis 30 J.	30–39 J.	40–49 J.	50 J.
sehr gut	2800	2650	2500	2400
gut	2400	2250	2100	2000
befriedigend	2000	1850	1650	1600
mangelhaft	1600	1550	1350	1300
ungenügend	weniger Meter als bei mangelhaft			

Frauen				
Kondition	bis 30 J.	30–39 J.	40–49 J.	50 J.
sehr gut	2600	2500	2300	2150
gut	2150	2000	1850	1650
befriedigend	1850	1650	1500	1350
mangelhaft	1550	1350	1200	1050
ungenügend	weniger Meter als bei mangelhaft			

Jungen							
Kondition	11 J.	12 J.	13 J.	14 J.	15 J.	16 J.	17 J.
ausgezeichnet	2800	2850	2900	2950	3000	3050	3100
sehr gut	2600	2650	2700	2750	2800	2850	2900
gut	2200	2250	2300	2350	2400	2450	2500
befriedigend	1800	1850	1900	1950	2000	2050	2100
mangelhaft	1200	1250	1300	1350	1400	1450	1500
ungenügend	weniger Meter als bei mangelhaft						

Mädchen
200 Meter weniger als Jungen in allen Klassen

(Jonath/Krempel 1981, 115)

Trainieren von Maximalkraft und Kraftausdauer

Maximalkraft

Gerade im Kampf um den Griff in Stand und Boden werden maximale Krafteinsätze benötigt, um den Widerstand des Gegners zu überwinden und seinen Versuchen, einen Griff anzubringen, Widerstand entgegenzusetzen. Daher kommt der Maximalkraft der Arme, der Schultergürtel- und Rumpfmuskulatur im Judo so große Bedeutung zu.

Maximalkraft ist die höchste Kraft, die Sie bei maximaler willkürlicher Kontraktion auszuüben vermögen. Maximalkraftsteigerungen gehen in großem Maße mit Gewichtszunahmen einher. Dies ist im Judo problematisch, wenn Sie einerseits Ihre Maximalkraft steigern wollen, andererseits aber nicht in eine höhere Gewichtsklasse aufsteigen möchten. Ihre Aufgabe ist es dann, Ihre *relative* Kraft zu steigern. Ihre relative Kraft ist die höchstmögliche Kraft, die Sie im Verhältnis zu Ihrem Körpergewicht erreichen können.

- Trainieren Sie Ihre Maximalkraft vorrangig mit allgemeinen Trainingsmitteln. Bevorzugen Sie Übungen, bei denen Sie *überwindende* Arbeit leisten müssen. Versuchen Sie *isometrische* Anspannungen, also statische Arbeitsweisen, funktionell durchzuführen. Die Arbeitswinkel in Ihren Übungen sollten den Arbeitswinkeln in Ihren Wettkampftechniken, beispielsweise den Haltegriffen, entsprechen, sofern die Gelenkwinkel klein genug sind, einen hohen Trainingseffekt zu erlauben.

- Trainieren Sie nach der Methode der *kurzzeitigen maximalen Anspannung*. Bei dieser Methode überwinden Sie Widerstände im submaximalen Bereich (über 80 % Ihrer maximalen Bestleistung). Absolvieren Sie ein bis vier Wiederholungen pro Serie bei sechs bis acht Serien. Der Vorteil dieser Methode liegt darin, daß Sie in relativ kurzer Zeit einen Kraftzuwachs erzielen, ohne daß sich Ihre Muskelmasse erheblich vergrößert. Beachten Sie aber, daß ohne regelmäßige Reizgebung Ihr Leistungsniveau schnell wieder abfällt.

Kraftausdauer

Da Sie im Verlauf eines Wettkampfs ständig aufs neue Kraftleistungen erbringen müssen, ist es für Sie wichtig, den Abfall Ihres Kraftniveaus trotz der Wettkampfdauer gering zu halten. Diese Fähigkeit, Kraftleistungen über die Wettkampfzeit aufrechtzuerhalten, ist die *Kraftausdauer*.

Wenn Sie beispielsweise immer wieder Ihre Arme von der Außenposition gegen den Widerstand des Gegners in eine Innenposition bringen müssen, dann ist Ihre *dynamische* Kraftausdauer gefragt. Halten Sie dagegen Ihren Gegner 30 Sekunden lang in einem Haltegriff, so ist Ihre *statische* Kraftausdauer gefordert.

- Trainieren Sie Ihre Kraftausdauer mit der *extensiven Intervallmethode*, wenn Sie Grundlagen legen wollen. Sie überwinden dabei Bewegungswiderstände von 40–60 % Ihrer Bestleistung. Versuchen Sie sechs Serien mit 25 bis 30 Wiederholungen und Pausen von 30 bis 90 Sekunden Länge zwischen den Serien.

Die folgende Übersicht stellt Ihnen die allgemeinen Trainingsmittel und -übungen vor, wie sie im Judo gebräuchlich sind:

Allgemeine Trainingsmittel und -übungen zur Entwicklung der Maximalkraft

Trainingsübungen	Trainingsmittel
Übungen mit bzw. an Kraftgeräten	
Bankdrücken	Scheibenhantel, Herkulesgerät
Anreißen in der Bauchlage (Bankziehen)	Scheibenhantel
Beindrücken	Hantelschwinge (liegend) Herkulesgerät (sitzend)
Kniebeuge	Scheibenhantel
Beinstrecken aus der Kniebeuge	Hantelschwinge, Herkulesgerät
Unterschenkel strecken im Sitz	Herkulesgerät
einarmige Anrißübungen	Herkulesgerät
Zugübungen beidarmig in den Nacken oder zur Brust	Herkulesgerät
Allgemeine kraftorientierte Körperübungen mit Zusatzlast	
Aufrichten des Oberkörpers aus der Rückenlage	Kurzhantel, Sandsack, Hantelscheibe o. ä. im Nacken, Ausführung auch am Schrägbrett
Beugestütze	Rundgewichte, Hantelscheiben o. ä. am Körper befestigt
Klimmziehen	Rundgewichte o. ä. Zusatzlasten am Körper befestigt
Anheben oder Anristen der Beine an der Sprossenwand	Sandsack oder Gewichtsmanschetten
Rückenstreckübungen	Sandsack, Medizinball oder Gewichtsmanschetten

(Lehmann / Müller-Deck 1987, 301)

Wenn Sie Ihre Kraftausdauer im Bereich der Maximalkraft verbessern wollen, trainieren Sie nach der *intensiven Intervallmethode*. Überwinden Sie Widerstände von 70 bis 90 % bei maximal zehn Wiederholungen und drei bis vier Serien.

▼ Trainieren Sie im *Kreistraining* (Circuittraining). Hierzu ein Beispiel
▼ (JONATH 1985):

Für diesen Rundgang für fortgeschrittene Judoka wurden den unterschiedlichen Belastungsanforderungen des Wettkampfes entsprechend
wechselweise erfolgreiche Wurftechniken (je eine Fuß-, Schulter-, Hüft-
und Selbstfalltechnik) und Bodentechniken (zwei Befreiungen aus Haltegriffen, ein Armhebel, ein Würgegriff) ausgewählt. Die Beherrschung
dieser Techniken muß vorausgesetzt werden.
Alle Übungen sollen abwechselnd von beiden Partnern, die sich koopera-
tiv verhalten sollen und etwa derselben Gewichtsklasse angehören sollten,
ausgeführt werden. Es wird die Gesamtpunktzahl beider Partner gewer-
tet.
Die Gesamtbelastungsdauer (8 mal 35 Sekunden) entspricht etwa der
Dauer eines Wettkampfes.

Station 1:
Werfen mit *Ippon-Seoi-Nage.* Aus
normaler Grundstellung werfen
sich die Partner abwechselnd. Auf
folgende Punkte sollte dabei ge-
achtet werden: Gleichgewichtbre-
chen (Kuzushi) nach vorn oben,
korrekter Rücken-Bauch-Kon-
takt, tiefes Eindrehen.
● Armbeuge-, Rumpf- und
   Beinstreckmuskulatur

Station 2:
Waki-Gatame aus der Bankposi-
tion. Tori kniet in der Bankposi-
tion. Er klemmt einen Arm des
vom Kopf her angreifenden Uke
unter seiner Achselhöhle ein,
taucht unter ihm weg und hebelt
mit Waki-Gatame.

1

2

Danach greift er seinen Partner
direkt selbst vom Kopf her an
usw.

● Rücken- und schräge Bauchmuskulatur, Gewandtheit

Station 3:
Uchi-Komi mit *O-Soto-Gari*. Tori
macht einen Schritt neben seinen
Partner, bricht dabei dessen
Gleichgewicht nach schräg hinten
und setzt O-Soto-Gari an. Anschließend verfolgt Uke den mit
einigen Schritten in die Ausgangsposition zurückkehrenden Partner
und greift diesen selbst mit O-Soto-Gari an.

● Arm-, Schulter-,
Rumpfmuskulatur

3

4

Station 4:
Befreiung aus *Yoko-Shiho-Gatame*. Uke hält Yoko-Shiho-Gatame.
Tori befreit sich, indem er in die Brücke geht und Uke schräg über
seinen Kopf und Schulter rollt. Tori dreht sich mit ihm, so daß er eben-
falls sofort mit Yoko-Shiho-Gatame halten kann.
● Hals-, Arm-, Rumpf- und Beinmuskulatur

Station 5:
Werfen mit *Tomoe-Nage*. Tori
läßt sich unter den abgebeugt stehenden Partner auf den Rücken
fallen, setzt dabei seine Fußsohle
in dessen Leiste (Bauch) und wirft
Uke durch koordinierten Arm-
zug und Beinstreckung über seinen Kopf.
● Arm-, Schulter-, Bein- und
   Bauchmuskulatur

5

6

Station 6:
Hebeln mit *Juji-Gatame*. Tori ergreift mit seiner rechten Hand die rechte Hand des auf dem Rücken liegenden Uke und setzt einen Juji-Gatame an (wichtig: nah an den Partner heransetzen, Knie schließen, in Richtung des kleinen Fingers hebeln). Ohne den Griff der rechten Hand zu lösen, steht nun Uke auf und hebelt selbst mit Juji-Gatame.
● Arm-, Bauch- und Rückenmuskulatur

Station 7:
Uchi-Komi mit *Harai-Goshi*. Tori greift unter Beachtung von Kuzushi mit Harai-Goshi an, so daß Uke mit beiden Beinen ausgehoben wird. Den in die Ausgangsposition zurückkehrenden Tori verfolgt Uke und hebt diesen seinerseits mit Harai-Goshi aus (sogenannter Nachlaufender Angriff).
● Arm-, Schulter-, Beinstreckmuskulatur, Koordination

7

8

Station 8:
Befreiung aus *Kesa-Gatame*. Uke hält Kesa-Gatame. Tori befreit sich
durch ‹In-die-Brücke-Gehen› und Überrollen. Er nutzt die Situation, indem er selbst sofort in Kesa-Gatame übergeht.
● Rumpf-, Hals-, Arm- und Beinmuskulatur

Trainieren von Schnellkraft und Schnellkraftausdauer

Sie müssen über den Verlauf der gesamten Kampfzeit ein hohes Kampf-
tempo halten, um den Gegner durch explosive Angriffsgestaltung bis in
die letzte Kampfminute hinein unter Druck setzen zu können. Dies kann
nur gelingen, wenn auf der Grundlage einer hochentwickelten aeroben
Ausdauer Ihre wettkampfspezifische Schnellkraftausdauer im Mittelzeit-
bereich, d. h. im aerob-anaeroben Grenzbereich, trainiert ist. Wettkampf-
spezifisches Training stabilen Handelns ist im Judo deshalb vorrangig ein
Training mit großen Schnellkraft- und Schnellkraftausdaueranteilen.
Unter *Schnellkraft* wird die Fähigkeit verstanden, Bewegungen mit hoher
Geschwindigkeit gegen submaximale Widerstände durchzuführen.
Unter *Schnellkraftausdauer* wird die komplexe Fähigkeit verstanden,

schnellkräftige Wettkampfhandlungen über die gesamte Dauer der Kampfzeit zu wiederholen und dabei den ermüdungsbedingten Abfall im Kraftniveau und in der Bewegungsbeschleunigung gering zu halten.

Schnellkraft

Explosive Bewegungen setzen hohen Krafteinsatz in kurzer Zeit voraus. Als Kombinationsfähigkeit zwischen Kraft und Schnelligkeit steht Schnellkraft einerseits der Bewegungsschnelligkeit nahe, sofern die zu überwindenden Widerstände gering sind, andererseits der Maximalkraft, sofern die Widerstände groß sind.

Der Zusammenhang zwischen Maximalkraft und Schnellkraft ist unbestritten, darf aber nicht überschätzt werden. Schnellkraft zielt auf Kraftentfaltung in schnellstmöglicher Zeit. Hohe Maximalkraft ist aber kein Garant dafür, diese Kraft auch mit hoher Geschwindigkeit zu entfalten (LETZELTER 1986, 88), allerdings nimmt die Bedeutung der Maximalkraft für die Bewegungsschnelligkeit mit Zunahme der äußeren Widerstandsgröße zu. Dies ist im Judo ebenso bedeutsam für das explosive «Anreißen» eines sperrenden Gegners wie für die explosive Beinstreckung in der Hauptfunktionsphase von Hüft- oder Schulterwürfen. Für die Eindrehbewegungen, in denen nur das eigene Körpergewicht zu überwinden ist, spielen die absolute Bewegungsschnelligkeit und die sogenannte Startkraft die bedeutsameren Rollen. Letztere ist als Fähigkeit definiert, eine schnelle Kraftentwicklung im Anfangsmoment der Anspannung zu erzeugen (LETZELTER 1986, 86).

Schnellkraft können Sie nur durch hochexplosive Übungen schulen, in denen Sie submaximale Widerstände in struktureller Übereinstimmung mit den Wettkampfbewegungen überwinden. Bevorzugen Sie hierzu Übergänge zwischen der Methode des intensiven Intervalltrainings und der Wiederholungsmethode:

Intervallmethoden verlangen einen planmäßigen Wechsel von Belastungs- und Erholungsphasen. In den Belastungsphasen ist die Widerstandsgröße so zu wählen, daß sie noch explosiv überwunden werden kann. Auch die Anzahl der Serien und Übungen ist so zu begrenzen, daß noch die letzte Bewegungshandlung explosiv durchgeführt werden kann.

In Zahlen ausgedrückt, bedeutet dies etwa für ein Wurf- oder Wurfansatz-Stationstraining: Führen Sie 6 bis 8 Wurfserien bei 4 bis 10 Wiederholungen pro Serie durch. Der Widerstand kann dabei nach der Methode der zyklischen Belastungsvariation zwischen 40 und 60 % rhythmisch verändert werden, um durch variable Belastungen das Zentralnervensystem ausgeprägter zu reizen.

▼ Die Pausen zwischen den Serien sollten Sie so hoch veranschlagen, daß
▼ eine ausreichende Erholung gewährleistet ist, um in der folgenden Se-
▼ rie wieder eine maximale Bewegungsgeschwindigkeit zu erreichen.
▼ Lassen Sie die Pause aus diesem Grunde ruhig zwei Minuten dau-
▼ ern.

Schnellkraftausdauer

▼ Beim Training der Schnellkraftausdauer wird die Anzahl der Serien
▼ und der Wiederholungen pro Serie erhöht, während hingegen die
▼ Dauer der Pausen verkürzt wird. Da die Bewegungen weiterhin explo-
▼ siv sein sollen, ist bei einer Erhöhung der Zusatzlasten, z. B. schwerere
▼ Partner, zur Vorsicht zu raten.

Beispiel eines Stationstrainings
(intensive Kurzzeitintervallmethode)
zur Entwicklung der Schnellkraftausdauer

Station 1: 20 Sekunden Bankdrücken mit 60 Prozent der individu-
    ellen Leistungsfähigkeit.
Station 2: Je Partner 15 Sekunden *Uchi-Komi-Geiko* mit hohem
    Widerstand *Ukes* (Eindrehtechnik mit Ausheben).
Station 3: 20 Sekunden Hangeln aus dem Kniestand.
Station 4: 30 Sekunden wechselseitiges Werfen (Eindrehtechnik,
    beispielsweise *Seoi-Nage*).
Station 5: 20 Sekunden wechselseitiges Überrollen aus
    Kesa-Gatame.
Station 6: 20 Sekunden Puppenwerfen mit *Ippon-Seoi-Nage.*
Station 7: 20 Sekunden Podestspringen (ca. 70 cm Höhe)
Station 8: wie Station 4 (andere Technik).

(modifiziert nach LEHMANN/MÜLLER-DECK 1987, 110)

Eine kurze abschließende Bemerkung zur *Schnellkraftausdauer*: Nutzen Sie
zu Ihrem Training neben der intensiven Intervallmethode die *Wettkampf-
methode.* Bevorzugen Sie als Trainingsmittel beispielsweise Randori über

5 Minuten mit 6 Angriffspurts über 20 Sekunden (auch in Form von Wurf-serien) oder eine Japanische Runde von 5 mal 2 Minuten mit je frischem Partner. Das Training der Schnellkraftausdauer stellt hohe Anforderungen an Ihre Willensqualitäten. Lassen Sie sich von Ihren Trainingspartnern mit-reißen, und versuchen Sie, als Übungsleiter solche Gruppenmitglieder zu-sammenzustellen, die sich gegenseitig helfen, die Anforderungen eines Schnellkraftausdauertrainings durchzuhalten.

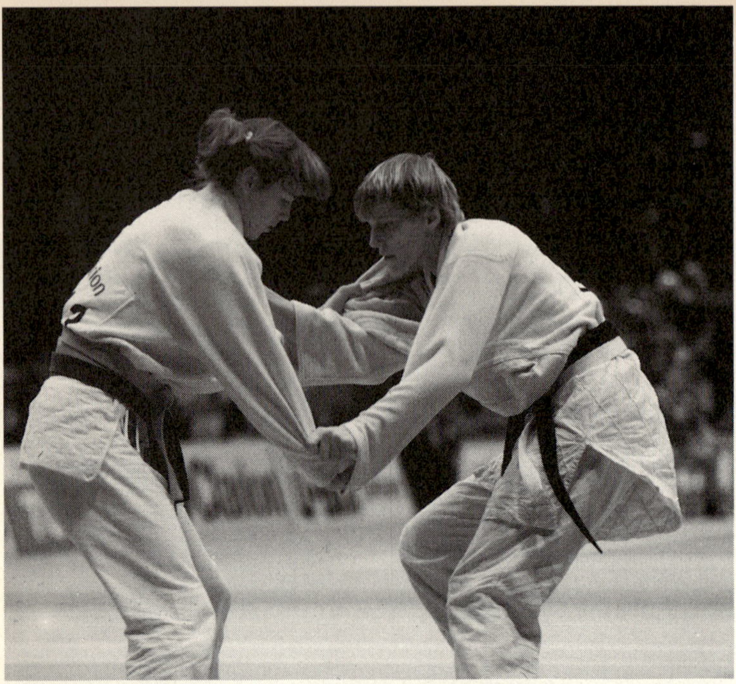

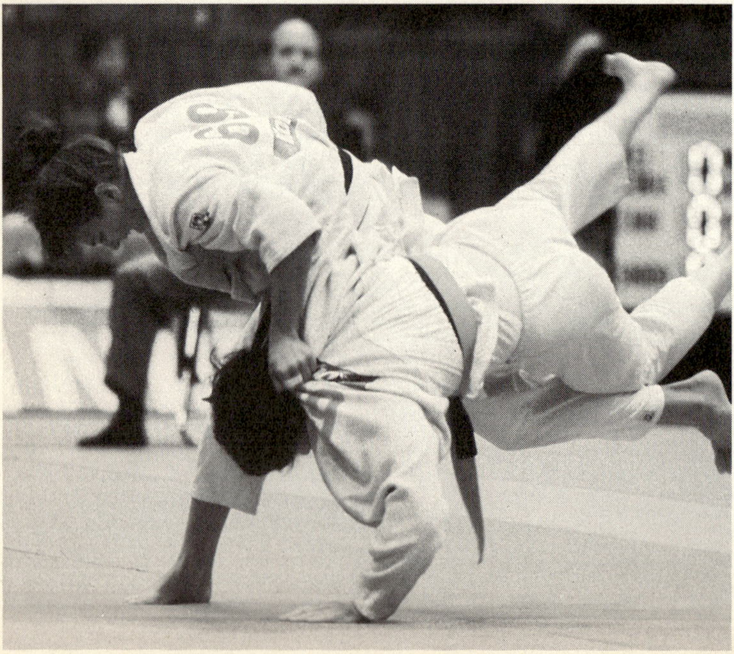

Anhang

Literaturhinweise

ANDERSON, B.: Stretching. Waldeck-Dehringhausen 1982.

BERNSTEIN, N. A.: Bewegungsphysiologie. Leipzig 1975.

BIROD, M.: Judokurs. Reinbek bei Hamburg 1984[4].

BIROD, M./BEISSNER, C.: Judo. Reinbek bei Hamburg 1979[7].

DIETRICH, K.: Zur Methodik der Sportspiele. In: DIETRICH, K./LANDAU, G. (Hg.): Beiträge zur Didaktik der Sportspiele. Schorndorf 1974, 74–82.

DÖBLER, E./DÖBLER, H.: Kleine Spiele. Berlin 1975.

EBERSPÄCHER, H.: Sportpsychologie. Reinbek bei Hamburg 1982[3].

FELDENKRAIS, M.: Bewußtheit durch Bewegung. Frankfurt am Main 1978.

FELDENKRAIS, M.: Die Entdeckung des Selbstverständlichen. Frankfurt am Main 1987.

GÖHNER, U.: Bewegungsanalyse im Sport. Schorndorf 1979.

HOTZ, A.: Qualitatives Bewegungslernen. Zumikon 1986.

JONATH, U.: Circuittraining. Reinbek bei Hamburg 1985/1987[2].

JONATH, U.: Lexikon Trainingslehre. Reinbek bei Hamburg 1988.

JONATH, U./KREMPEL, R.: Konditionstraining. Reinbek bei Hamburg 1981.

KNEBEL, K.-P.: Funktionsgymnastik. Reinbek bei Hamburg 1985[7].

KNEBEL, K.-P./HERBECK, B./SCHAFFNER, S.: Tennis-Funktionsgymnastik. Reinbek bei Hamburg 1988/1989[2].

KNUPP, M.: Badminton-Praxis. Reinbek bei Hamburg 1989.

LEHMANN, G./MÜLLER-DECK, H.: Judo. Berlin (DDR) 1987.

LETZELTER, H. UND M.: Krafttraining. Reinbek bei Hamburg 1986.

MAEHL, O./HÖHNKE, O.: Aufwärmen: Anleitungen und Programme für die Sportpraxis. Ahrensburg 1988.

MARKWORTH, P.: Sportmedizin 1. Reinbek bei Hamburg 1983/1988[4].

MEINEL, K./SCHNABEL, G.: Bewegungslehre – Sportmotorik. Berlin (DDR) 1987.

PÖHLMANN, R.: Motorisches Lernen. Psychomotorische Grundlagen der Handlungsregulation sowie Lernprozeßgestaltung im Sport. Berlin (DDR) 1986.

SÖLVEBORN, S. A.: Stretching. München 1983.

SYER, J./CONNOLLY, CH.: Psychotraining für Sportler. Reinbek bei Hamburg 1987/1988[2].

Der Autor

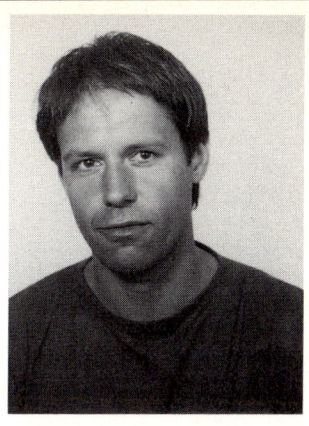

Matthias Schierz, Jahrgang 1954, betreibt seit seiner Kindheit Judo. Er studierte in Hamburg u. a. Sportwissenschaft und Pädagogik und war nach dem Examen mehrere Jahre wissenschaftlicher Angestellter am Fachbereich Erziehungswissenschaft, Arbeitsbereich Sportdidaktik, an der Universität Hamburg. 1985 Promotion zum Dr. phil. Seitdem Lehrbeauftragter in Hamburg. Als aktiver Judoka befaßt er sich seit Jahren mit der methodisch-praktischen sowie theoretischen Ausbildung von Wettkampf- und Breitensportlern im Judo.

Adressen

Deutscher Judo-Bund e. V.
Lessingstr. 12, Postfach 17 49
6500 Mainz 1
Tel. 06131–672031–32

Deutsches Dan-Kollegium
Karl-Ludwig-Lehmann,
Kiefernweg 34, 6500 Mainz 43

DJB-Sektion Aikido
Marijan Tole,
Lenbachstr. 17,
6090 Rüsselsheim

DJB-Sektion Ju-Jutsu
Eberhard Molle,
Dringsheide 34,
2000 Hamburg 74

DJB-Sektion Karate
Ottmar Luxem,
Hochstr. 28, 5473 Kruft

DJB-Sektion Kendo
Wolfgang Demski,
Heidenheimer Str. 24,
1000 Berlin 28

DJB-Sektion Kyudo
Feliks F. Hoff,
Eduardstraße 3,
2000 Hamburg 19

Badischer Judo-Verband e. V.
Robert Vetter,
Geschäftsstelle: Postfach 3426,
7500 Karlsruhe 1

Bayerischer Judo-Verband e. V.
Sigurd Seger,
Geschäftsstelle: Georg-Brauchle-
Ring 93, 8000 München 50

Judo-Verband Berlin e. V.
Peter Stamm,
Geschäftsstelle:
Stromstr. 11–17,
1000 Berlin 21
Tel. 030/394 84 85

Bremer Judo-Verband e. V.
Kurt Schuster,
Inselstr. 93, 2800 Bremen

Hamburger Judo-Verband e. V.
Hans Werner Friel,
Holtenklinkerstraße 95 b,
2050 Hamburg 80

Hessischer Judo-Verband e. V.
Leo Köhler,
Homburger Straße 108,
6368 Bad Vilbel/Massenheim

Niedersächsischer
Judo-Verband e. V.
Heiner Sauer,
Geschäftsstelle: Niedernfeld 5 a,
3052 Bad Nenndorf

Nordrhein-Westfälischer
Judo-Verband e. V.
Wilhelm Höfken,
Geschäftsstelle: Friedrich-Alfred-
Straße 25, Sportpark Wedau,
4100 Duisburg 1

Judo-Verband Pfalz e. V.
Klaus Dietrich
Kranichstr. 116/7,
6700 Ludwigshafen

Rheinhessischer
Judo-Verband e. V.
Günter Kraft,
Josefstraße 71/73, 6500 Mainz

Judo-Verband Rheinland e. V.
Karl-Heinz Dott,
Kaiser-Heinrich-Straße 49,
5401 Urmitz

Saarländischer Judo-Verband
e. V.
Jürgen Eisenhut,
Sonnenhang 3,
6646 Losheim-Scheiden

Judo-Verband
Schleswig-Holstein e. V.
Max Depke,
Hinter den Kirschkaten 29,
2400 Lübeck 1

Württembergischer
Judo-Verband e. V.
Fritz Schur,
Geschäftsstelle:
Hermann-Heß-Str. 8,
7050 Waiblingen

Bildquellen

Bongarts: S. 2/3, 13, 17, 45, 53, 69, 75, 92, 97, 100, 163, 164.
Knebel: S. 21, 22, 32, 35 oben, 36 oben, 37 unten, 38 oben, 42, 43.
Schrey: S. 156–160.

Register

Sport · Fitness · Gesundheit

SPORT
rororo

C 2330/2

Bücher für Wintersportler

Walter Brehm
Skifahren (8602)
Skifahren für Kinder und Jugendliche (7026)
Skigymnastik (7014)

Manfred Vorderwülbecke
Skilanglauf (7002)

Hubertus Müller
Eltern-Skibuch (8638)

Eugen Gebhardt u. a.
Trickskifahren (7027)

Karl-Peter Knebel
Funktionsgymnastik (7628)

Johannes Mende
Körpertraining (8612)

Hans-Uwe Hinrichs
Sportverletzungen (8604)

Gustav Harder/Dieter Elsner
Bergsport-Handbuch (8606)

SPORT
rororo

C 2336/1